Anmerkung zum Titel und Inhalt des vorliegenden Buches:
Die Wahrheit hat viele Ankergründe. Sowohl in der Naturwissenschaft, also den rational nachvollziehbaren und beweisbaren, als auch in der nicht oder noch nicht beweisbaren "Grauzone".
Diese große Aufgabe der "Beweisführung" wird niemals enden.
Es werden Begriffe verwendet, die nicht wissenschaftlich bewiesen sind, dennoch sind viele davon bereits etabliert. Ich beschränke mich daher auf die Erklärung einzelner Begriffe, bzw. darauf wie diese im Inhalt zu verstehen sind oder um den Sinn des Inhaltes von anderer Seite zu beleuchten.

Die reinste Form des Wahnsinns ist es, alles beim Alten zu lassen und gleichzeitig zu hoffen, dass sich etwas ändert!

Albert Einstein

Gabriele Simon

Das Streben der Seele

Gesund und Selbstbestimmt durchs Leben

mit kreativer Entfaltung eigener Kräfte

Umschlag, Illustration: Gabriele Simon
Fotos: © Vasyl Helevachuk/Fotoalia.com
© Pixel & Création - Fotolia
© fotomaster - Fotolia
Lektorat, Korrektorat: Hubertus Becker

Verlag: tredition GmbH, Hamburg

ISBN
978-3-7323-5521-1 (Paperback)
978-3-7323-5522-8 (Hardcover)
978-3-7323-5523-5 (e-Book)

Printed in Germany

Inhaltsverzeichnis

Einleitung

Liebe Leserin, lieber Leser,

ich freue mich, dass dieses Buch den Weg in Deine Hände gefunden hat. Denn der Inhalt widmet sich dem Thema, dass nichts im Leben dem Zufall überlassen bleibt.

Ich möchte Dich auch mit diesem Buch dazu einladen, deine Chancen und Möglichkeiten, sowie die scheinbaren Zufälle, die das Leben für dich bereithält, näher kennenzulernen. Ich möchte Dich dazu ermuntern, in die hier beschriebenen Zusammenhänge und Erkenntnisse einzutauchen. Denn zum einen erklären diese, wie unsere Realität entsteht und zum anderen liefern sie Dir eine Anleitung, deine eigene Wirklichkeit bewusst zu erschaffen.

Der vorliegende Text liefert Einblicke dahingehend, wie sich vergangene Erlebnisse und Erfahrungen noch bis zum heutigen Tag auf unser Leben auswirken. Wie Deine Realität und Dein Alltag Tag für Tag mit diesen Erlebnissen und Erfahrungen „neu“ erschaffen werden.

Vielleicht hast Du es Dir ja auch schon einmal gewünscht, Deine Lebensumstände mit einem anderen Blick oder aus einer anderen Perspektive zu betrachten?

Dieses Buch fordert geradezu auf, dies zu tun. Es sind bereits zahlreiche Bücher zum Thema der Erschaffung unserer Realität geschrieben worden und es gibt zahlreiche DvD‘s zur Anleitung und zum Mitmachen. Alle bieten quasi eine Anleitung, die der Erschaffung von Realität dient. Dieses Buch geht jedoch noch einen Schritt weiter, indem aufgezeigt wird, wie und warum die Erschaffung unserer Realität und Wirklichkeit funktioniert oder warum es scheinbar nicht funktioniert, sich seine Vorstellungen von einem besseren, schöneren Leben zu erfüllen; warum die eigenen Ziele erreicht oder eben nicht erreicht werden. So wird die Lektüre ebenso vielseitig, wie es das Leben und der Mensch selbst sind.

Dennoch ist es so geschrieben, dass es diese Vielseitigkeit immer wieder auf einen zentralen Punkt fokussiert: auf die Erschaffung unserer Realität.

Um ein sichtbares Bild davon zu zeichnen, versuche ich, so viele Deiner Sinne wie möglich anzusprechen. Dies ist sicher nicht ganz einfach, denn primär verwendest Du über das Lesen den visuellen Sinn. Deshalb lade ich Dich jetzt schon dazu ein, beim Lesen darauf zu achten, wann Du etwas fühlst und welche Deiner inneren Stimmen Du hörst.

Da dies kein Kochbuch ist, wird es mit dem Riechen und Schmecken nicht so gut funktionieren. Dennoch werden die wichtigsten Sinne, die bei der Erschaffung unserer Realität entscheidend sind, angesprochen: Fühlen, Hören und Sehen.

Unsere inneren Stimmen und vor allem unsere Gefühle spielen dabei eine große Rolle. Erstens, weil sie rund um die Uhr da sind und zweitens, weil sie ganz entscheidend unser Leben beeinflussen. Sie sind ausschlaggebend bei der Erschaffung unserer Realität. Um es beispielhaft zu formulieren, haben wir unter unseren inneren Stimmen zum Beispiel den Skeptiker, den Kranken, das Opfer, das gekränkte Kind, den Hilfesuchenden, den Armen, den Kreativen, den Rechtschaffenen, den Machthungrigen, den Seel sorgenden und viele, viele andere inneren Protagonisten, die sich von Fall zu Fall zu Wort melden. Alle inneren Stimmen stehen zudem auch in engem Zusammenhang mit unseren Gefühlen.

Sie haben also die eigentliche Macht über unsere Realität. Gedanken und Gefühle beeinflussen unser Leben, Wohlbefinden und letztlich auch unsere Gesundheit. Der Gesundheit wird in diesem Zusammenhang eine besondere Bedeutung zugeordnet. Denn sie wird hier nicht auf die körperliche Gesundheit reduziert, sondern in einem weiteren Sinne als „gesunde" Realität, in allen Lebensbereichen betrachtet. Daher werde ich im Anhang auf bestimmte Methoden aus dem Bereich der ganzheitlich betrachtenden Beratung eingehen und deren Funktionsweise im Zusammenhang mit der „Veränderung" der Realität, auf den jeweiligen Wirkungsebenen darstellen. Wenn Du die Einladung annehmen willst, dem „Streben Deiner Seele" zu folgen, wird Dein seelisches und mentales Gleichgewicht gestärkt daraus hervorgehen.

Am Ende der Lektüre, wirst Du mehr darüber wissen, was Du dafür tun kannst, Deine Realität so zu gestalten, dass sie für Dich gesund ist oder gesund werden kann.

Du wirst erkennen, dass Deine Realität der „Spiegel Deiner Seele" ist.

Ist unser psychischer Zustand, aus welchen Gründen auch immer, in eine Art Schock Zustand gezwungen worden, so kann dieser Crash tatsächlich mit einem psychischen Tod verglichen werden. Man fühlt sich dabei tatsächlich so, als ob ein nahestehender Mensch gestorben sei. Dabei handelte es sich womöglich um das Ende einer Beziehung, um einen finanziellen Engpass, den Verlust des Arbeitsplatzes oder sonst eine persönliche Enttäuschung. Etwas also, was uns vollkommen aus der Fassung gebracht hat. Sollte eine dieser Aussagen auf Dich zutreffen, bist Du herzlich dazu eingeladen, wie Phönix aus der Asche wieder aufzustehen und dem Streben Deiner Seele zu folgen.

Wenn Du aus der Vogelperspektive und mit Weitblick, in die eigenen persönlichen und psychischen Tiefen blicken kannst, dann kannst Du Deine Wirklichkeit verändern.

Es ist mir eine Freude, wenn Du mehr über Deine eigenen Kräfte und Fähigkeiten erfahren möchtest um sie künftig in einem für Dich positiven Sinne zu nutzen.

Der Wunsch nach Gesundheit

Wünsche zur Gesundheit, zur Genesung, zum beruflichen Erfolg, für glückliche und dauerhafte Beziehungen, zu mehr finanzieller Unabhängigkeit, für ein glückliches Leben und viele andere Wünsche mehr begegnen uns immer wieder auf Glückwunschkarten. Wir bekommen sie und wir schreiben sie.

Wann immer wir uns gegenseitig Gesundheit wünschen, meinen wir damit in erster Linie, dass wir von körperlichen Krankheiten verschont bleiben, bzw. dass deren Heilung in Gang kommen soll. Somit wird zwischen Wünschen zur Gesundheit und allen anderen Wünschen zur Lebenssituation unterschieden.

Wenn Du auch zu den Menschen gehörst, die bisher diesen Unterschied zwischen körperlicher Gesundheit und anderen Zuständen des Wohlbefindens gemacht haben, solltest Du Dich jetzt von dieser Unterscheidung verabschieden. Denn hier werden alle Themen des Lebens miteinander verzahnt.

Wie ist das gemeint?

Körperliche Gesundheit bedeutet für die meisten Menschen das höchste Gut und höchste Glück.

Das erscheint auch logisch, denn ohne körperliche Gesundheit können wir unsere Arbeit nicht mehr oder nur ungenügend verrichten. Wir können im Extremfall unseren Job und unsere Agilität verlieren. Schlimmstenfalls zieht dies auch noch den Verlust der Lebensfreude nach sich, denn von nun an kreisen alle Gedanken um die Krankheit, deren Symptome, den drohenden Verlust der gesicherten Existenz und darum, welche negativen Auswirkungen die Krankheit weiterhin auf das gesamte Leben haben kann. Die nun noch vorhandene Energie, wird auf diese neu entstandene Realität, auf die Krankheit ausgerichtet. Gerade dann ist es jedoch besonders wichtig, auf die eigenen Gedanken und Gefühle zu achten. Denn diese geistige Nahrung ist oftmals ausschlaggebend für zukünftige Entscheidungen im weiteren Verlauf des Lebens.

Wie geht das?

Zunächst manifestiert sich das diagnostizierte medizinische Krankheitsbild in unserem mentalen, also in unserem geistigen Körper. Man kann auch sagen, es manifestiert sich in unseren Gedanken und verstärkt somit die mentale Kraft negativ. Irgendwann ist nur noch wenig bis gar keine Energie mehr vorhanden, um sich geistig neu und positiv auszurichten. Dabei werden oft Überlegungen angestellt, innere Dialoge geführt und innere Bilder erzeugt, wie sich das Leben und das soziale Umfeld in einem negativen Sinne weiterentwickeln.

Andererseits können Gedanken auftauchen, die persönliche Wünsche oder Sehnsüchte ausdrücken („es könnte so schön sein, wenn ich doch bloß nicht krank wäre", oder „wenn ich nicht krank wäre, dann könnte ich dieses oder jenes tun"), selbst in Bezug auf andere („der/die hat es gut",

„der/die weiß nicht zu schätzen, was er/sie hat“) und ähnlich projizierte Gedankengänge, die allesamt persönliche Sehnsüchte ausdrücken. Sie machen deutlich, welch mächtige Gefühle dahinter am Werk sind. Diese Gefühle sind bei der Erzeugung der eigenen Realität ausschlaggebend. *Eine Sehnsucht wird immer eine Sehnsucht bleiben.*

Denn in Sehnsucht, stecken die Worte Sehnen und Sucht. Was dies tatsächlich bedeutet, erfährt man, indem man sich selbst einige Fragen stellt: „Wonach sehne ich mich?“- „Was will ich in meinem Leben erreichen?“-„Was fehlt mir?“- „Wonach bin ich süchtig?“

Sehnsucht drückt eine persönliche Mangelerscheinung aus, die unbedingt gestillt werden möchte. Der Mangel kann aber nicht beseitigt werden, solange wir in der Sehnsucht bleiben, solange wir Sehnsucht fühlen und in Sehnsucht denken, denn wir bekommen stets das zurück, was wir aussenden. Und Sehnsucht ist ein sehr starkes Gefühl.

Umstände oder auch Zustände, sowohl die der Gesundheit als auch die der Krankheit, sind nicht nur in unserem Körper verwurzelt, sondern sie sind auch Ausdruck einer Realität, die an einer anderen Stelle, auf einer anderen Ebene im komplexen menschlichen System angelegt wurden.

Viele Gedanken und Emotionen weisen schon früh darauf hin, dass etwas ins Ungleichgewicht geraten ist.

Sie tauchen ständig in unserem Alltagserleben auf, in Familienangelegenheiten, bei täglichen Begegnungen, in Beziehungen, bei der Arbeit oder in anderen Situationen. Dabei stehen sie stets im Zusammenhang mit unserem

(Un-)Wohlbefinden.

Beiläufig und subtil nehmen wir sie über unsere Gefühle wahr. Sie sind das Kommunikationsmedium unserer Seele. Selbst wenn wir diese Gedanken und Gefühle ignorieren, werden sie dennoch zur Grundlage unserer Erfahrungen. Und diese Erfahrungen prägen uns und haben uns schon immer geprägt. Das bedeutet, wir entwickeln und entwickelten eine innere Einstellung zu dieser Erfahrung, die unser Denken und Handeln beeinflusst. Daraus resultiert, dass ausschließlich unser Verstand die Führung über unser Denken und Handeln innehat.

„Das Glück Deines Lebens, hängt von der Beschaffenheit Deiner Gedanken ab"

Marc Aurel

Ein altes Sprichwort lautet: *"Der Verstand ist ein guter Diener, aber ein schlechter Herr"*.

Wir ernten immer nur das, was wir auch gesät haben und dann wundern wir uns über die vermeintlich „schlechte" Ernte. Unsere Gedanken weisen uns immer auf unseren inneren Zustand hin. Dahinter verbergen sich aber tiefliegende Gefühle. Diese Gefühle unterscheide ich von den Emotionen, denn Emotionen sind kurzfristiger (Ärger, Wut), Gefühle sitzen, ähnlich dem Glauben tief und stehen sozusagen noch hinter der Emotion (Ohnmacht, Trauer, Liebe). **Das Gefühl ist die Schwester des Glaubens.**

Aufgrund dieser Tatsache, stellt es eine echte Herausforderung dar, Dich selbst zu fragen, was Deine Gefühle Dir eigentlich sagen wollen, denn das Streben Deiner Seele wird sich immer wieder durch Deine Gefühle bemerkbar machen.

Leider passiert es recht häufig, dass sich negative Gedanken und innere Unzufriedenheit, zu einem „normalen" Zustand, also zu einer Gewohnheit entwickeln. Sie begleiten unseren Alltag, indem sie einfach nur da sind.

„Es ist halt so, wie es ist" oder „daran kann ich auch nichts ändern", sind beliebte Aussagen des Gewohnheitstieres Mensch.

Negative Gedanken und Gefühle sind so selbstverständlich geworden, dass sie gar nicht mehr „bewusst" wahrgenommen werden. Sie sind so alltäglich, wie das Einnehmen einer Mahlzeit. Und tatsächlich verhält es sich in unserem System auch genauso. Denn wir müssen diese Gedanken und Gefühle ständig mit unserem gesamten Organismus verarbeiten, verwerten und verdauen.

Gewohnheit führt zu einer Verharmlosung und zur Ignoranz der eigenen Gefühle. Manche Menschen sind in der Lage, das so lange durchzuziehen, bis gar nichts mehr geht. Dann zeigt ihnen das Leben ihre (kranke) Realität, mit den entsprechenden Symptomen. Unsere Realität ist das Ergebnis, dem viele Gedanken, Gefühle und Ereignisse vorangegangen sind. Viele unbewusst getroffenen Entscheidungen und Beurteilungen haben dazu geführt, Muster und Programme zu entwickeln und zu verinnerlichen. Diese haben sich dann vollkommen automatisiert und spulen in ähnlichen Situationen immer wieder ihr Programm ab. Erlauben wir uns kein Umdenken, bleiben wir Gefangene unserer Vergangenheit, unserer Muster und Programme und nicht zuletzt unserer unbewusst getroffenen Entscheidungen. Dann erleben wir das, was wir „Krankheit“, „Pech“, und „Unglück“ nennen. Jeder kennt Aussagen wie: „Das ist aber auch ein Pechvogel!“ oder „Immer passiert dem so etwas!“ oder „die zieht aber das Unheil auch magisch an“.

Was aber bedeutet all das eigentlich in Bezug zur Gesundheit: „Was ist eigentlich Gesundheit?“

Es gibt hierfür zahlreiche Definitionen. Sie reichen von der der Medizin bis hin zur Vorstellung des Einzelnen.

Kurzdefinitionen von Gesundheit

Zitat Weltgesundheitsorganisation (WHO) aus dem Jahr 1946:

„Gesundheit ist ein Zustand vollkommenen körperlichen, geistigen und sozialen Wohlbefindens und nicht allein das Fehlen von Krankheit und Gebrechen.“

Zitat Bundesministerium für Bildung, Wissenschaft, Forschung und Technologie aus dem Jahr 1997:

„Gesundheit wird als mehrdimensionales Phänomen (seltsames, ungewöhnliches Ereignis) verstanden und reicht über den Zustand der Abwesenheit von Krankheit hinaus."

Nun werfen diese Definitionen vor allem eine Frage auf: „Wo fängt Gesundheit an und wann ist man in diesem Sinne eigentlich wirklich gesund?"

Die Antwort auf die Frage lässt sich unendlich lange diskutieren und eine zufriedenstellende Antwort, der jeder zustimmen wird, kann es wohl nicht geben. Denn, dies wirft eine neue Frage auf: "Können wir wirklich spüren, ob wir in diesem Sinne gesund sind?". Wie sieht es bei Dir aus? Bist Du mit Dir selbst, mit Deinem Leben, in Deiner Familie, in Deinen Beziehungen, in Deinem beruflichen Kontext und in Deinem sozialen Umfeld glücklich und zufrieden?

Fühlst Du Dich wohl mit allem, was derzeit in Deinem Leben stattfindet?

Spüren wir es überhaupt noch oder wissen wir, wie es sich anfühlt, in diesem Sinne gesund zu sein?

Die umfangreichen Definitionen, der WHO und des Gesundheitsministeriums setzen innere Zufriedenheit als eine Form der Gesundheit voraus. Genau genommen bedeutet es, sich rundherum gesund und wohl zu fühlen und in einer rundum gesunden Realität zu leben. Diese Betrachtung der

Gesundheit ist mit einem Zustand der Selbstverwirklichung vergleichbar.

Um nicht die Orientierung und den Überblick zu verlieren, unterscheide ich zwischen *körperlicher, emotionaler, mentaler* und *seelischer* Gesundheit, also dem Streben der Seele nach Selbstverwirklichung.

So erzeugen die Definitionen der WHO von 1946 und des Bundesgesundheitsministeriums von 1997 ein Verständnis des Begriffes Gesundheit, mit folgenden Inhalten:

- Gesundheit in sozialen Beziehungen
- Gesundheit in finanziellen Angelegenheiten
- Gesundheit im beruflichen Umfeld
- Gesundheit eines Unternehmens
- Gesundheit des Familiensystems
- Spirituelle Gesundheit
- Physische Gesundheit
- Seelische Gesundheit

Dieses Sorglos Paket ist allerdings nicht ganz leicht zu haben. Wir müssen ständig und vor allem ausdauernd und konsequent daran arbeiten, die Sorgen, Probleme und Befürchtungen, die uns in den unterschiedlichen Lebensbereichen umtreiben, in etwas Produktives umzuwandeln. Der Platz, der mit Leid, Sorgen, Zwängen und Pessimismus besetzt ist, muss geräumt und ausgemistet werden. Nur so kann wieder „Freiraum" für Neues und Positives entstehen.

Entwicklung – Orientierung und Bewusstsein in Bezug zur Gesundheit

Die zuvor angeführten Annahmen und Definitionen von Gesundheit lassen den Gedanken aufkeimen, dass der Mensch im gesundheitlichen Kontext Orientierung braucht.

Hast Du Dir schon einmal die Mühe gemacht und Dich etwas näher mit der Gesundheitsbranche beziehungsweise mit dem Gesundheitsmarkt beschäftigt?

Wenn ja, hast Du sicherlich festgestellt, dass auf diesem Markt unzählige Produkte beworben werden. Vergleichbar mit einem Jahrmarkt auf dem unüberschaubar viele Angebote gemacht werden. Und dennoch ist auf diesem lukrativen Wachstumsmarkt noch lange kein Ende in Sicht. Solange es Menschen gibt, solange wird geforscht und entwickelt und so lange wird es immer wieder neue Produkte und neue Angebote geben.

Wer weiß schon, wie lange dabei immer wieder „alter Wein in neue Schläuche" umgefüllt wird?

Dieser Markt reicht von medizinischen Geräten bis zu esoterischen[1] Ansätzen. So entstehen unzählige Nischen mit ei-

---

[1] https://de.wikipedia.org/wiki/Kategorie:Esoterik ist in der ursprünglichen Bedeutung des Begriffs eine für einen begrenzten „inneren" Personenkreis bestimmte philosophische Lehre, im Gegensatz zu Exoterik als öffentlichem Wissen. Andere traditionelle Wortbedeutungen beziehen sich auf einen inneren, spirituellen Erkenntnisweg, etwa synonym mit Mystik, oder auf ein „höheres", „absolutes" Wissen. Im Rahmen der „Esoterikwelle" wird der Begriff seit den späten 1970er Jahren darüber hinaus in sehr freier Weise für ein breites Spektrum verschiedenartiger Lehren und Praktiken gebraucht.

ner Vielzahl an speziellen Produkten, die in diesen Markt hineingewachsen sind um uns Glauben zu lassen die Gesundheit fördern.

Dieser Megamarkt führt uns zu der Frage, ob dort auch immer ein „bewusster“ Umgang mit all diesen Angeboten, Therapien und Produkten betrieben wird. Damit meine ich einen verantwortungsbewussten Umgang mit den Menschen, mit der Psyche der Menschen und mit der Gesundheit der Menschen, die diese Angebote nutzen um Hilfe zu erhalten. Beobachtet man die Branche in den Medien und verfolgt man die hitzigen Diskussionen, so erhält man den Eindruck, dass es bei den Verantwortlichen wenig bewussten Umgang und es so gut wie keine ethisch begründete Auseinandersetzungen mit den Angeboten und Produkten stattfinden. Denn, die philosophische Disziplin der Ethik beschäftigt sich überwiegend mit den drei folgenden Problemfeldern:

- der Frage nach dem höchsten "'Gut"
- der Frage nach dem richtigen Handeln in bestimmten Situationen – also: „Wie soll ich mich in dieser Situation verhalten?“ und
- der Frage nach dem freien Willen

Stattdessen stehen Volkswirtschaftliche Aspekte und Profitgier viel zu sehr im Vordergrund. Dann erst kommt der Mensch.

Zu wenig Bewusstsein im Umgang mit der Gesundheit, gibt es sicherlich nicht nur aufseiten der Anbieter, sondern auch bei den Verbrauchern. Angebot und Nachfrage bestimmen den Markt.

Beschäftigen wir uns in diesem Zusammenhang mit der Theorie der menschlichen Bewusstseinsentwicklung, so wird deutlich, dass alles Revolution und Evolution braucht (Widerstand, Auflehnung, Wachstum, Reife und Zeit), um sich zu entwickeln, auch das Bewusstsein.

Bewusstsein

Üblicherweise versteht man darunter, sich im Wachzustand zu befinden und Herr seiner Sinne zu sein.

Dies ist aber eine sehr dürftige Umschreibung des Begriffes „Bewusstsein". Bewusstsein, im Zusammenhang mit der Erschaffung einer gesunden Wirklichkeit, geht jedoch weit darüber hinaus und ist etwas Großartiges, Reifes, mit einer gewissen Form von „Göttlichkeit" oder alles umfassender Weisheit verbunden. Das Erleben dieses Bewusstseins ist nicht leicht zu beschreiben, denn diese Erfahrung hält für jeden etwas ganz Individuelles bereit.

Um es zu verdeutlichen, teile ich Bewusstsein in drei verschiedene Aspekte auf:

1. Geistiges/mentales Bewusstsein:

bedeutet einfach ausgedrückt, sich über eine Sache, eine Situation, einen Lebensumstand bis in alle dazugehörigen Details im Klaren zu sein. Vor allem die *Fähigkeit*, diese Details auch zu erkennen.

2. *Körperliches Bewusstsein*:

Bedeutet, sich im Wachzustand zu befinden und/oder das Funktionieren unserer körperlichen und psychischen Empfindungen und Reaktionen.

3. *Seelisches Bewusstsein*:

bedeutet, sich darüber im Klaren zu sein, dass es jenseits unserer körperlichen und geistigen Ebenen auch andere Ebenen und Dimensionen des Lebens gibt; dass die Zusammenhänge des Lebens, auch auf anderen Ebenen existieren; nicht nur auf denen die wir sehen, hören und anfassen können. Dieses Verständnis von Bewusstsein, kann jeder erfahren, wenn über wirkliche Meditation die eigenen spirituellen[2] und seelischen Erfahrungen wahrgenommen werden.

Der Begriff Bewusstsein wird im gesamten Text, immer im Zusammenspiel aller drei Aspekte betrachtet. Wie ein dreidimensionales Bild, in welchem alle untrennbar zusammen gehören.

Alles hängt mit allem zusammen. Vielleicht gibt es auch noch eine andere Ebene oder Form von Bewusstsein? Eine die wir bisher weder kennen noch erahnen können.

Eine Entwicklung, die dies berücksichtigt, braucht Zeit, gerade in der Gesundheitsbranche. Schließlich können wir auch einen Fluss nicht schieben.

---

[2] der Begriff der Spiritualität wird in diesem Buch im Sinne der transpersonalen Psychologie verwendet, die Spiritualität als die Wahrnehmung der Einheit von Wirklichkeit und das Anerkennen des Geistigen als Realität versteht.

Interessant an dieser Stelle ist jedoch, dass wir einen Fluss, zumindest für eine gewisse Zeit aufhalten können. Die Wassermassen, die aber anschließend freigesetzt werden, haben eine umso stärkere Kraft.

Genau so kann jeder, der blockiert ist, dessen Fluss ins Stocken geraten ist, eine gewaltige innere Kraft entwickeln.

Die unsichtbare Wirklichkeit

Die Ganzheitlichkeit im Kontext der Gesundheit, versteht Gesundheit als „farbenprächtiges Leben".

Stell Dir vor, Du wärst farbenblind und Du könntest die Welt nur in schwarz/weiß sehen. Versuche, in Deiner Vorstellung davon auszugehen, dass Du gar nicht weißt, dass Du „nur" in schwarz/weiß sehen kannst und gehe davon aus, die Welt ist genauso, wie Du sie siehst. Dass es für Dich ein ganz normaler Zustand ist und Du Dir dessen gar nicht bewusst bist, dass Dir farbliches Sehen fehlt und dass andere Menschen die Welt in Farbe sehen können. Du würdest es ja nicht einmal wissen, dass es so etwas wie Farbe überhaupt gibt, geschweige denn, auf die Idee kommen, dass es so sein könnte.

Nun kommt jemand und beschreibt Dir eine bunte Welt. Wie würdest Du Dich dabei wohl fühlen? Was würdest Du über dich selbst oder über den anderen denken?

Eine mögliche Reaktion könnte sein, dass Du an Dir selbst Zweifel hegst, dass etwas mit Dir nicht stimmt. Dann müsstest Du aber Deine eigene Realität anzweifeln. Eine andere mögliche Reaktion darauf wäre, zu denken, der andere habe eine Meise, die Welt sei genauso, wie Du sie siehst und basta.

In der Regel verzichten die meisten Menschen darauf, die eigene Realität zu hinterfragen. Aber dann kann man wahrscheinlich auch nicht glauben, dass man seine Realität selbst erschaffen und verändern kann.

Jeder nimmt die Welt so wahr, wie er sie sieht, mit seiner ganz persönlichen und individuellen Brille, mit seinen Mustern und mit seinen Prägungen. Und-, jeder hat Recht, weil jeder sich seine eigene Realität erschaffen hat.

Ich möchte Dich einladen, nun eine andere und vielleicht für Dich neue Realität kennenzulernen. Ich nenne sie einfach unsere unsichtbare Wirklichkeit.

Wir sind von einem feinstofflichen Energiefeld umgeben, welches auch als Aura bekannt ist. Die Aura erfüllt verschiedene energetische Funktionen und sie ist *bunt.* Die Energiezentren oder auch Energieräder, die die Energien um uns herum in die Aura aufnehmen, fungieren sozusagen als Sammel- und Verteilerstelle. Sie sind unter dem Begriff der „Chakren" bekannt. Das Wort Chakra bedeutet wörtlich: Kreis, Diskus, Rad. Wir haben sieben Haupt Chakren. Sie stellen die Verbindung zwischen unserem materiellen Körper und dem subtilen, feinstofflichen Körper dar. Sie verlaufen entlang der Wirbelsäule. Um sie namentlich kurz aufzuführen:

- Kronen oder Scheitel Chakra
- Stirn Chakra oder drittes Auge
- Hals- oder Kehl Chakra
- Herz Chakra
- Nabel oder Solarplexus Chakra
- Sakral oder Sexual Chakra
- Wurzel- oder Basis Chakra

Die Chakren geben frische Energie in das menschliche System hinein und absorbieren verbrauchte Energien, die sie wiederum abgeben. Transportiert wird das Ganze über die Meridiane, die vergleichbar mit einem Stromnetz, die feinstofflichen Energien dorthin bringen, wo sie benötigt werden. Zum Beispiel in unseren Organen.

Die Chakren haben allerdings noch andere Funktionen. Vielleicht kennst Du es, dass Du den Gedanken eines nahestehenden Menschen aussprichst oder zum Telefon gehst und Dein Gesprächspartner gerade das gleiche vorhatte? Dieses Phänomen ist unter dem Begriff Telepathie bekannt und sie funktioniert nur aus einem einzigen Grund: weil jeder mit jedem und alles miteinander durch eine feinstoffliche Energie verbunden ist.

Betrachten wir die Chakren zur Verdeutlichung mit einem Mobilfunkmast, der Daten empfängt und Daten weiterleitet, dann wären die entsprechenden Mobilfunkgeräte die Organe und Zellen, die die Information empfangen. Der Weg dazwischen könnte man mit den Meridianen vergleichen, auf dem die Daten hin und her transportiert werden. Dieser Vorgang ist ebenso unsichtbar für uns. Dennoch tauschen wir hierüber Videos, Bilder, Musik und Worte aus.

Einige wenige Menschen sind von Ihrer physiologischen Ausstattung her in der Lage, diese feinstofflichen Farben und Energien zu sehen oder zu fühlen.

Mit dem Hubble Teleskop ist es der Menschheit gelungen, im zuvor nur schwarz erscheinenden Universum bunte Galaxien und farbige Nebel zu entdecken.

Jeder Mensch ist in der Lage einen Regenbogen zu sehen, aber nur dann, wenn das weiße Licht der Sonne in einem bestimmten Winkel durch Regentropfen gebrochen wird. Dennoch, sind die in dem weißen Licht der Sonne enthaltenen Spektralfarben immer vorhanden, selbst dann, wenn es nicht regnet. Deswegen kannst Du auch, wenn Du es möchtest, über das Aufhängen eines Prismas in einem Fenster viele kleine Regenbögen erkennen, wenn die Sonne darauf scheint.

Von klein auf, wurden wir so erzogen, sprich konditioniert, nur das zu glauben, was wir auch sehen können. Wir haben gelernt, unsere Gefühle zu unterdrücken und unsere Vorahnungen zu verdrängen. Leider verlernte man es auf diese Weise auch, die „wahre" innere Stimme wahrzunehmen. Vielleicht kennst Du den Ärger, den man im Nachhinein verspürt, wenn man nicht auf seine innere Stimme gehört hat, obwohl man von vornherein irgendwie wusste, dass etwas nicht funktioniert oder dass dieses oder jenes geschehen wird. Eigentlich hatte man genau gewusst, was zu tun und was zu lassen ist und dennoch hat man das Gegenteil getan, weil unser Verstand etwas anderes sagte als unser Gefühl und man so sein inneres Wissen verdrängt hatte.

Gefühle - die Sprache der Seele

Wäre es nicht schön, wenn Du wieder Realität nach Deinen Vorstellungen erschaffen könntest, um so aus einer gesunden Wirklichkeit zu schöpfen?

Tatsache ist, dass jeder es bereits jetzt schon tut. Nur mit dem Unterschied, sich selbst von seinen Programmen und Mustern leben zu lassen. Das heißt, von unseren bisherigen Kognitionen. Von dem was wir bisher gelernt und daraus unsere Schlüsse gezogen haben. Wir schöpfen zwar, aber nicht bewusst, sondern lassen die so entstandenen Muster und Programme unbeachtet und unverändert weiterlaufen. Wir halten den Film, den wir nicht sehen wollen, nicht an, ähnlich wie in dem Film „Und täglich grüßt das Murmeltier". Diese Muster und Programme, die uns unbewusst beherrschen, sind heute allerdings oft überaltert. Sie sind überholungsbedürftig, nicht mehr zeit- und zweckmäßig, eben einfach nicht mehr angebracht, um sich in einer gesunden Wirklichkeit wiederfinden zu können.

Wenn Du die Sprache Deiner Seele verstehen möchtest, dann bist Du aufgefordert, Dir einen tieferen Einblick in Dich selbst zu verschaffen.

Wenn Du nur Deine äußeren Umstände betrachtest, diese als gegeben hinnimmst, wenn Du glaubst und der Überzeugung bist, die Realität sei so, unveränderlich für Dich, dann wirst Du weiterhin eine Marionette äußerer Einflüsse bleiben!

Wenn Du Dich von vergangenen Ereignissen, Erfahrungen, Prägungen und Mustern tragen lässt und weiterhin äußere Einflüsse und Eindrücke ungehindert auf Dich einwirken können, wirst Du niemals wirklich auf eigenen Füssen stehen!

Albert Einstein hat es treffend formuliert, indem er sagte: *„Mehr als die Vergangenheit interessiert mich die Zukunft, denn in ihr gedenke ich zu leben".*

Das bedeutet, es sollte um eine permanente Entwicklung gehen. Schließlich hat es die Menschheit ja auch geschafft, sich Lebensumstände zu erarbeiten, die für einen Steinzeitmenschen undenkbar gewesen wären.

Worum es dabei ging und heute noch geht ist, dass jede Entwicklung, egal wie groß oder klein sie auch sein mag, aus einer einzigen „Idee" erschaffen wurde, die irgendein Mensch aus sich selbst heraus entwickelt hat.

So sind wir heute in der glücklichen Lage, uns nicht mehr von früh bis spät mit Ackerbau und Viehzucht beschäftigen zu müssen.

Wir haben uns im Laufe der Zeit unzählige Möglichkeiten erschaffen, unser Leben so angenehm wie möglich zu gestalten.

Heute stehen wir in unserer Entwicklung vor ganz anderen Fragen und Aufgaben. Heute geht es in der Entwicklung der Menschheit darum, sich für Selbstverwirklichung und somit für Gesundheit in allen Lebensbereichen zu entscheiden. Realität aktiv und bewusst zu gestalten, die eigene Kraft zu entdecken und einzusetzen. Ein solches Entwicklungsstadium kann große Irritationen auslösen. Viele von uns möchten Veränderungen und Verbesserungen bei ihren Lebensumständen erreichen, können jedoch nicht aus ihrer Haut, beziehungsweise, ihren Gewohnheiten heraus. Sie warten zu lange ab oder halten unangenehme Situationen zu lange aus, in der Hoffnung, dass sie sich von selbst auflösen oder es von selbst wieder besser wird. Vielleicht ist dies mit einem Gefühl der Lethargie oder des Stillstandes vergleichbar, welcher sich eingeschlichen hat. Auf diese Weise bremsen wir uns immer wieder selber aus und bleiben weiterhin die Gefangenen unserer Gedanken und der äußeren Einflüsse.

Der Wendepunkt in der menschlichen Entwicklung

Ganzheitliche Entwicklung

Wir haben heute eine neue innere Freiheit, wir stehen an einem Punkt des Umbruchs, an dem es möglich ist, den „freien Willen“ mit dem wir ausgestattet sind, auch wirklich zu leben. Diese Möglichkeit gab es zwar schon immer, aber der freie Wille wurde dabei auf Handlungen reduziert, die man durchführen oder unterlassen konnte. Das war die einzige freie Wahl, die es zu geben schien.

Anhand der nachfolgenden Entwicklungstheorie können wir erkennen, dass es dem Menschen entweder nicht erlaubt war, er noch nicht so weit entwickelt war oder ganz andere Dinge im Leben der Menschen Priorität hatten oder immer noch haben.

Diese innere Freiheit, gilt es gezielt zu erkennen, zu nutzen und zu leben.

Du kannst dich heute entscheiden, welchen Weg Du künftig einschlagen möchtest - es handelt sich dabei um die Wahl des freien Geistes.

Ein kleiner Einblick in die Entwicklungsstadien der Menschheit soll Euch verdeutlichen, wie sich bisher die Menschen, aber auch Organisationen und Länder innerhalb der Evolutionsgeschichte nach der Spiral Dynamics Theorie von Don Beck entwickelt haben.

Dabei schaut die Theorie auf das, was war, auf das, was ist und auf das, was sein wird.

Um es kurz und einfach auszudrücken: es geht um die Entwicklungsstufen der Menschheit. Dabei liefert sie tiefgehende Einsichten in die menschliche Psyche, in menschliche Überzeugungen und das menschliche Wertesystem, welche, und darum geht es ja hauptsächlich in diesem Buch, unbewusst unsere Entscheidungen beeinflussen.

Innerhalb einer Entwicklungsstufe wird dort die kleinste kulturelle Einheit als Mem bezeichnet. Ein Mem können wir mit einem Gen oder der DNS unseres biologischen Körpers vergleichen.

Don Beck unterscheidet zwischen zwei Ebenen. Die erste Ebene ist die, bei der es der Menschheit primär um das **Überleben** geht. Sie wird deshalb „First Tier Ebene" genannt.

Die zweite Ebene ist die des **Seins**. In dieser Ebene geht es der Menschheit nicht mehr nur um das reine Überleben, sondern vielmehr um die persönliche Entfaltung und Entwicklung einer größeren Toleranz gegenüber allem was ist.

Der freie Wille steht in diesem Zusammenhang auf einer anderen Grundlage, bekommt eine andere Bedeutung, nämlich die des freien Geistes.

In der Entwicklungsspirale der Menschheit, werden den einzelnen Entwicklungsstadien Farben zugeordnet.

First Tier Ebene: Werte-Meme des Überlebens

Beige – Instinktives/Überlebens-Mem – Beginn vor 100.000 Jahren

Grundthema: Tu was Du tun musst, um ja zu überleben

- Benutze Instinkt und Gewohnheiten, um zu überleben
- Ein eigenständiges Selbst ist kaum erwacht oder wird

  kaum aufrechterhalten
- Nahrung, Wasser, Wärme, Sexualität und Sicherheit haben Priorität
- Schließt Euch zu Banden zusammen, um das Überleben zu sichern
- Lebt, wie andere Tiere, weitgehend von dem, was die Natur bietet

Purpur – Magisches/Animalisches Mem – Beginn vor 50.000 Jahren

Grundthema: Halte die Geister bei Laune und das Nest des Stammes warm und sicher

- Gehorcht dem Willen der Geistwesen und mystischen Zeichen
- Seid loyal gegenüber Häuptling, Ältesten, Ahnen und Clan
- das Individuum wird der Gruppe untergeordnet
- Bewahrt heilige Objekte, Orte, Ereignisse und Erinnerrungen

- Befolgt Übergangsriten, jahreszeitliche Zyklen und Stammessitten

Rot – Impulsives/Egozentrisches Mem – Beginn vor 10.000 Jahren

Grundthema: Sei was du bist und mach was du willst – ohne jede Rücksichtnahme

- Die Welt ist ein Dschungel, voller Gefahren und Räuber
- Befreit Euch von jeder Vorherrschaft und jedem Zwang, um Euch selbst nach eigenen Wunsch zu vergnügen
- Ist großspurig, erwartet Aufmerksamkeit, fordert Respekt und kommandiert Aktionen
- Beansprucht totalen Spaß – sofort und ohne Schuld oder Reue zu empfinden
- Bekämpft, überlistet und dominiert andere aggressive Charaktere

Blau - Zielbewusstes/Autoritäres Mem – Beginn vor 5.000 Jahren

Grundthema: Das Leben hat einen Sinn, eine Richtung und einen Zweck mit vorherbestimmtem Ausgang

- Man opfert sich für einen transzendenten Grund, für die Wahrheit oder den Recht schaffenden Weg
- Ordnung erzwingt einen Verhaltenscode, der auf ewigem, absoluten Prinzipien beruht

- Ein rechtschaffenes Leben erzeugt Stabilität in der Gegenwart und garantiert Belohnung in der Zukunft
- Impulsivität wird durch Schuld kontrolliert, jeder hat den Platz, der ihm zusteht
- Gesetze, Regeln und Disziplin formen den Charakter und ein moralisches Rückgrat

Orange – Erfolgreiches/Strategisches Mem – Beginn vor 300 Jahren

Grundthema: Handle im eigenen Interesse und spiele, um zu gewinnen

- Veränderung und Verbesserung gehören zum Schema aller Dinge
- Der Mensch entwickelt sich weiter, indem er von den Geheimnissen der Natur lernt und die besten Lösungen sucht
- Er manipuliert die Ressourcen der Erde, um ein gutes Leben im Überfluss zu kreieren und zu verbreiten
- Optimistische, risikofreudige und selbstsichere Menschen verdienen Erfolg
- Gesellschaften gedeihen aufgrund von Strategie, Technologie und Wettbewerb

Grün – Gemeinschaftliches/Egalitäres Mem – Beginn vor 150 Jahren

Grundthema: Suche Frieden im Inneren und erforsche gemeinsam mit anderen die mitfühlende Dimension der Gemeinschaft

- Der menschliche Geist muss von Gier, Dogma und Entzweiung befreit werden
- Gefühle, Sensitivität und das Füreinander-Sorgen ersetzen kalte Rationalität
- Verteilt die Ressourcen der Erde und Chancen gleichmäßig unter allen
- Erreicht Entscheidungen und löst Konflikte über Prozesse von Ausgleich und Konsens
- Erneuert Spiritualität, bringt Harmonie und bereichert die menschliche Entwicklung

Second-Tier-Ebene: Die Werte-Meme der „Seins Ebene"

Gelb- Integratives Mem – Beginn vor 50 Jahren

Grundthema: Lebe ein erfülltes und verantwortungsvolles Leben als das, was Du bist und zu werden lernst

- Das Leben ist ein Kaleidoskop von natürlichen Hierarchien, Systemen und Formen
- Die Herrlichkeit der Existenz wir höher geschätzt als materieller Besitz
- Flexibilität, Spontanität und Funktionalität haben die höchste Priorität
- Differenzen können in einem miteinander verbundenen, natürlichen Flow integriert werden
- Versteht, dass Chaos und Veränderung natürlich sind

Türkis – Holistisches Mem – Beginn vor 30 Jahren

Grundthema: Erfahre die Ganzheit der Existenz durch Geist (mind) und kosmisches Bewusstsein

- Die Welt ist ein einziger, dynamischer Organismus mit eigenem, kollektivem Geist
- Das Selbst ist sowohl ein eigenständiger-, als auch ein mit einem größeren, mitfühlenden Ganzen verbundener Teil
- Alles ist mit Allem in ökologischer Ordnung
- verbunden
- Energie und Information durchdringen das gesamte Umfeld der Erde
- Holistisches, intuitives Denken und kooperatives Handeln werden erwartet

Auf Türkis folgt dann *Koralle,* die Inhalte sind noch nicht bekannt, da die weitere Entwicklung noch nicht absehbar ist.

Die Theorie zeigt auf eine andere Weise auf, wie sich die Menschheit bisher entwickelt hat. Es ist eine Theorie über die Entwicklung menschlichen Bewusstseins. Wichtige Annahme dabei ist, dass jeder in seiner Entwicklung unterschiedlich schnell oder langsam sein kann. Das es individuelle Prozesse gibt, die jeder in seiner Entwicklung zu durchlaufen hat. Innerhalb solcher Entwicklungsprozesse kann man auch wieder in alte Muster zurückfallen.

Die Theorie macht deutlich, an welchem Wendepunkt, wir heute stehen. Wir stehen am Übergang, sind sozusagen auf dem Sprung zur „Second Tier Ebene".

In Bezug auf die Entwicklung in der Gesundheitsbranche deutet die Theorie darauf hin, dass sich z.B. Therapieformen von grün auf gelb weiterentwickeln. Die Schulmedizin dagegen scheint demnach dabei zu sein, sich von einigen orangenen Anteilen (Meme) zu lösen und durchlässiger für grüne Anteile (Meme) zu werden.

Dabei sind alle Meme (kulturellen Anteile) bereits im Menschen angelegt, so, wie in einem winzigen Samenkorn, aus dem auch ein vollendeter Baum samt der Früchte die er einmal tragen wird erwächst. Vor diesem Hintergrund wird deutlich, warum z.B. Satanskulte oder auch die rechte Szene mit ihren stark Purpur und Rot angelegten Anteilen funktionieren.

Die Erklärung hierfür liegt darin, dass jeder Mensch in seiner Entwicklung verschiedene Entwicklungsstadien durchläuft. Wir kommen sozusagen beige auf die Welt und durchlaufen alle weiteren Farben bis wir ca. in der Lebensmitte den möglichen Übergang zur Second Tier Ebene erreicht haben. Natürlich gibt es dabei Ausnahmen und Abweichungen, sowohl nach oben als auch nach unten. Wurden nun bestimmte Anteile (Entwicklungsstadien und deren Meme) nicht gut erlebt, gelebt oder durchlaufen, ist es möglich, diese bei anderen Personen oder Gruppen zu suchen. So lange bis die persönliche Entwicklung in dieser Phase abgeschlossen ist und es weiter gehen kann.

Wir brauchen heute dabei nur in die arabischen Länder zu blicken, um zu versuchen mit der Spiral Dynamics Theorie zu verstehen, was dort gerade geschieht und warum es geschieht.

Aber auch der Blick ins eigene Land liefert genügend Beispiele, wie wir uns erarbeitete Strukturen und erarbeiteten Wohlstand wieder zunichtemachen, wenn unterschiedliche Entwicklungen nicht berücksichtig, nicht wertgeschätzt werden.

Entwicklung steht also niemals still und ist auch nicht immer einfach.

Beispiele:

Grün erinnert uns an Flower Power, aber es ist auch schwierig sich von Grün zu lösen und sich Gelb zuzuwenden, da hier Gegensätze wirken, wie z.B:

„Verteilt die Ressourcen der Erde und Chancen gleichmäßig unter allen" contra

„Das Leben ist ein Kaleidoskop von natürlichen Hierarchien, Systemen und Formen".

Der ehemalige Präsident der USA George W. Bush z.B. hat Amerika mit starken roten Anteilen geführt. Somit bremste er die Entwicklung des Landes und das Land wurde in seiner Entwicklung zurückgeworfen.

Barak Obama dagegen verfügt über sehr starke grüne Anteile, wodurch er auch im Wahlkampf gepunktet hat. Denn das Land an sich ist eigentlich Blau/Orange und strebt eine weitere Entwicklung an. So kann jede Gesellschaft an ihre

Grenzen stoßen und ist dann gezwungen, sich weiter zu entwickeln, was oft mit einem kurzen (verglichen mit dem Zeitraum der Evolutionsgeschichte) Rückwärtstrend einhergeht.

Persönliche Entwicklung ist nicht immer leicht und man hat mit so manchen Gedanken zu kämpfen. Man möchte verstehen, was vielleicht noch gar nicht verstanden werden kann.

Die Theorie hört auch nicht bei Türkis oder bei Koralle auf, sie wird immer weitergehen, auch wenn wir heute noch nicht wissen wohin.

Der kreative Umgang mit der Theorie ermöglicht es uns, die verschiedenen Kulturen anhand ihrer Entwicklungen zu betrachten, den Betrieb in dem wir tätig sind oder auch unsere Freunde und Verwandten.

Die Spiral Dynamics Theorie zog in den USA und in England bereits in die Politik ein. So war Dr. Don Beck Berater von Bill Clinton und Tony Blair. Sie nutzten das Wissen der Theorie, um diplomatische Lösungen herbeizuführen, um die bestmöglichen Resultate aller am Prozess Beteiligten zu erzielen.

Unter Einbezug der Spiral Dynamics Theorie geht es nicht darum, sich Urteile darüber zu bilden, welches Entwicklungsstadium das Bessere ist. Vielmehr geht es um das Wissen, dass jeder alle Stadien durchlaufen muss, um sich zu entwickeln. Also geht es um Respekt und Achtung! Auch wenn manchen Entwicklungsstadien diese Qualität noch schwer fällt.[3]

Einige Menschen sind dabei, sich der Second Tier Ebene zu nähern und fangen an zu begreifen, was vielen anderen noch zu abstrakt erscheint.

Viele Unternehmen sind orange ausgerichtet und verpassen es, sich an die Entwicklung des Landes und der Menschen in diesem Land anzupassen.

Dann gerät alles erst einmal ins Chaos und ins Ungleichgewicht, bis sich die nächste Entwicklungsstufe etabliert hat. Denn wir können nicht zurück, sondern nur nach vorn. So wie wir alle auch keine Schulkinder mehr werden können, können wir alle auch nicht mehr Rot werden. Es sei denn wir befinden uns im Zustand des Krieges. Jedoch geht die Entwicklung immer weiter, da die Spirale dynamisch ist und auch bleibt, denn alle Meme sind und bleiben vorhanden.

---

[3] S.a. Don Beck: Die endlos aufwärts führende Suche; Interview von Jessica Roemischer; www.wie.org/DE/j8/beck.asp?pf=1

Von Energie und Wirklichkeit – Träume werden wahr

Übertragen wir das ganze angesammelte theoretische Wissen einmal auf die Gesundheitsbranche, so wird deutlich, dass es nur natürlich ist, dass es bei dem Riesenangebot so viele Unterschiede gibt und geben muss. Denn die individuellen Entwicklungsstadien bringen jeweils die entsprechenden Angebote hervor.

Das Wichtigste bei all den Angeboten und Möglichkeiten für Dich ist, dass Du Dein Bewusstsein weiter entwickelst und dabei unabhängig bleibst. Denn, in dieser Branche wird oft mit Manipulation gearbeitet, was letztendlich der Profitgier dient und somit einen „Mangel" im Denken, welcher in dieser Branche vorherrscht, voraussetzt. Dahinter muss noch nicht einmal eine böse Absicht stehen oder eine bewusste Profitgier, denn es kann vollkommen unbewusst sein. Wir alle befinden uns schließlich in einem fortlaufenden Prozess der Entwicklung.

Es gibt allerdings auch viele Neider, Nachahmer und ähnlich tickende Konkurrenten im Markt, die Hilfesuchende eher irritieren als sie zu unterstützen.

Manche gießen-, dann eben doch einfach alten Wein in neue Schläuche, der dann auf diesem Markt, mit Copyright natürlich, unter einem anderen Namen angeboten wird.

Im Grunde ist es doch so, dass man Ideen, Erfindungen, Erkenntnisse, Methoden und Produkte nicht für sich reklamieren kann. Das Copyright ist nach der Spiral Dynamics Theorie blau gefärbt. An und für sich ist es ja auch nichts Schlimmes, etwas „schützen“ zu lassen. Denn manches muss eben vor (Macht-) Missbrauch geschützt werden. Ärgerlich wird es, wenn es total übertrieben wird und jede Kleinigkeit mit einem © geschützt wird. Vor allem, wenn es sich dabei um Dinge handelt, die jedem zugänglich sein könnten, von denen aber einige behaupten, dass es ihre eigene Idee, ihre Erfindung, ihr alleiniger Gedanke gewesen sei. Andere, mit ähnlichen oder denselben Ideen, prozessieren gar oder behaupten frech, der Einfall oder die Ideen seien nichts wert, weil sie bereits an anderer Stelle existierten.

Wenn wir z.B. ein Buch lesen oder ein Zitat von Albert Einstein nehmen und sagen können: ja, das ist so oder das was hier steht, wusste ich schon, bevor ich es gelesen habe.

In dem Fall waren diese Haltung, diese Antwort bereits latent in uns oder um uns herum vorhanden. Sie existierten schon in unserem Unter- oder Überbewusstsein.

Ein Beispiel: schon als Kind habe ich phantasiert, dass „beamen“ irgendwann möglich wird. Bereits seit 1997 liegen wissenschaftliche Beweis von Prof. Dr. Anton Zeilinger vor, die darauf hindeuten, dass es irgendwann tatsächlich möglich sein könnte. Ihm ist 1997 erstmals die Quantenteleportation von Photonen über mehrere hundert Meter gelungen. Im Jahr 2004 gelang dies erstmals auch mit Ionen. Wir können uns heute nicht vorstellen, dass so etwas tatsächlich auch mit Materie geht, aber ausschließen können wir es nun auch nicht mehr. Warum sollte es in ferner Zukunft nicht auch in einem größeren Ausmaß gelingen.

Alles was existiert, war zuvor bereits auf der energetischen Ebene, also in feinstofflicher Form, in unserer unsichtbaren Wirklichkeit vorhanden, bis irgendwann, irgendjemand damit in Resonanz (s.S.50) gegangen ist. Dieser Irgendjemand wurde dann dessen Erfinder und ließ diese zunächst energetische Idee Wirklichkeit werden. Diese Menschen waren in der glücklichen oder in der unglücklichen Lage, die Energie in ihr Energiefeld zu ziehen.

Da wir aber alle „eins“ sind, also alles und jedes miteinander verbunden ist und wir alle aus dem gleichen „Stoff“ der gleichen „Energie“ sind, alle demselben Ursprung entstammen oder auch von Gott sind, steht „Wissen“ jedem zur Verfügung.

Im Prinzip gehört dieses Wissen allen und nicht nur einem oder wenigen Privilegierten. Es ist allerdings grandios, wie manchen die Umsetzung in die Realität gelingt, beziehungsweise wissenschaftliche oder physische Erkenntnisse erschlossen werden. Diese Tätigkeit, Arbeit und Umsetzung verdienen Respekt und Würdigung.

„Es stellt sich letztlich heraus, dass Information ein wesentlicher Grundbaustein der Welt ist. Wir müssen uns wohl von dem naiven Realismus, nach dem die Welt an sich existiert, ohne unser Zutun und unabhängig von unserer Beobachtung, irgendwann verabschieden". Prof. Dr. Anton Zeilinger[4]

Alles war latent vorhanden, ehe es in der Realität von jemandem umgesetzt wurde. Vielleicht sogar von zwei oder drei Akteuren zur gleichen Zeit. Wem gehört also welche Idee oder Erkenntnis und wie will man das begründen?

Früher oder später stehen diese „Erfindungen" jedem zur Verfügung. Aber erst dann, wenn die individuelle Entwicklung reif genug ist, ist man dafür resonanzfähig, kann es annehmen, erkennen, verinnerlichen und/oder hervorbringen.

Wie oft hast Du schon dem Leid oder Unglück anderer, Dir nahestehender Menschen zuschauen müssen? Wie oft sind Deine gut gemeinten Ratschläge und Empfehlungen nicht angenommen und nicht umgesetzt worden?

Obwohl oftmals ein Freund einfach besser weiß, was es zu „sehen" oder zu „erkennen" gilt.

Wie oft hast Du schon gedacht oder gesagt „Ich habe es schon immer gewusst" oder „Ich hab es dir ja schon immer gesagt, aber du hast ja nicht auf mich gehört".

---

[4] Prof. Dr. Anton Zeilinger im Interview mit A.N.Loebell; Telepolis; 07.05.2001)

Das bedeutet, jeder muss seine Erkenntnisse, aus seinen Erfahrung selbst ziehen und erst dann kann er das annehmen, was andere schon lange vorher wussten.

Das ist wie mit dem Kind, welches man tausend Mal gewarnt hat, nicht auf die heiße Herdplatte zu fassen. Es kann es erst verinnerlichen oder annehmen, wenn es selbst die Erfahrung gemacht hat, dann erst weiß es, was „heiß“ ist.

Manchmal muss man sogar lange bei dem Leid eines anderen Menschen zusehen, wie sie aus ihren Erfahrungen nichts lernen und nichts verändern, wie sie immer wieder die gleiche "negative" Realität erzeugen bis sie psychisch am Boden liegen. Es kann jedoch durchaus wichtig für die betreffende Person sein, diesen Weg so zu gehen, ihn gar zu wiederholen oder auch am Boden zu liegen. Es tut auch weh, dabei zuzuschauen, zuschauen zu müssen und festzustellen, dass all unsere guten Absichten nichts genutzt haben. Vielleicht ist es aber unabdingbar für die Entwicklung dieser Person, am Nullpunkt anzukommen, sie hat sich selbst dorthin gebracht, auch wenn es uns schwer fällt das zu glauben oder wir uns sogar dagegen sträuben. Entwicklung ist oft nur durch Schmerz und Leiden möglich, denn sie fordern uns auf, hinzuschauen. Die ganze Zeit über. Manche Menschen halten ihren Schmerz oder ihr Leid sehr lange aus. Da Ihre Aufmerksamkeit auf diese Weise genau dort (in dem Leid) fokussiert bleibt, kann sich der Zustand eher noch verschlechtern. Das kann so lange weitergehen, bis die betreffende Person irgendwann weit unter der Grenze des Erträglichen angekommen ist.

Manche Menschen schaffen es auch, ihr ganzes Leben lang nicht wirklich hinzuschauen. Aber die Möglichkeit zur Veränderung, seinen Zustand, seine Situation zu verändern, hat jeder, da jeder Mensch über die Möglichkeiten und Fähigkeiten verfügt, genau dies zu tun.

Unsere Verhaltensmuster, unser Verstand und unsere Bequemlichkeit stehen uns im Weg und behindern uns. Das passiert automatisch und erfüllt sogar eine scheinbare Schutzfunktion. Schutz vor dem Wiedererleben, vor schmerzlichen Erfahrungen und davor Verantwortung für sich selbst übernehmen zu müssen.

Wie viele Menschen verplempern das Kostbarste, das sie haben, nämlich ihre Zeit? Mit Zeit wird so umgegangen, als ob wir davon noch Massenweise im Rucksack dabei hätten. Wie oft lassen wir die Zeit verstreichen, verschieben alles auf später, nur um sich nicht JETZT um sich selbst, um das eigene Leid, die eigenen Bedürfnisse und Krankheiten kümmern zu müssen?

Das Zeitkonto leert sich trotzdem, es lässt sich nicht stoppen, wir täuschen uns, wenn wir das glauben, wenn wir uns mit "anderen" Dingen beschäftigen, nur um uns selbst aus "Bequemlichkeit" aus dem Weg zu gehen. Ja, es kostet Zeit, sich nicht mit sich selbst auseinander zu setzen, aber es ist wertvolle Zeit, denn wir gewinnen etwas für uns, wohingegen beim Zeit vertrödeln genau das passiert: sie wurde vertrödelt.

Viele Menschen können es nicht verstehen, wie manche von uns ihr Kostbarstes, nämlich ihr Leben verplempern, die Zeit verstreichen lassen, um alles auf später zu verschieben und sich nicht um sich, ihre Leiden, ihre Krankheiten, ihre Bedürfnisse kümmern zu müssen.

Sie haben die Verantwortung für sich abgeben und sich selbst vielleicht sogar schon aufgeben. Dennoch ist es für manche Menschen wohl ein Weg, den sie gehen wollen oder gehen müssen.

Denn es gibt eine *Erfahrungsebene* und eine *Schöpferebene.* Jeder Mensch hat beide Ebenen in sich. Jeder Mensch erschafft sich seine Erfahrung und er kann auch bewusst neue Erfahrungen erschaffen und aus dem Kreislauf der unbewusst erschaffenen Erfahrungen und Realitäten aussteigen.

Deswegen geht es bei der Erschaffung einer gesunden Wirklichkeit darum, das persönliche Bewusstsein von innen her zu entwickeln und zu fördern, um Ideen und Vorstellungen (von was auch immer) zu generieren.

> *"Es ist schwieriger, eine vorgefasste Meinung zu zertrümmern, als ein Atom".*
> Albert Einstein

Was bedeutet in diesem Zusammenhang Bewusstsein?

Bewusstsein ist schwer greifbarer und kann unterschiedlich gedeutet werden. Hier bedeutet es zum einen, annehmen zu können und „ja" zu dem zu sagen, was gerade ist. „Ja" dazu zu sagen, dass es unterschiedliche Menschen, unterschiedliche Charaktere, unterschiedliche Lebensanschauungen und unterschiedliche Entwicklungsstadien des Menschen gibt.

Bewusstsein bedeutet gleichzeitig auch, zu erkennen, wohin man sich entwickeln möchte und diese Entwicklung voranzutreiben.

Ist man an diesem Punkt angelangt, geht es darum, persönliche Muster zu erkennen und sie zu durchbrechen. Dabei soll man nicht ständig dem Verstand folgen, sondern dem Gefühl nachgehen, um herauszufinden, was dieses uns mitteilen möchte.

Im Grunde bedeutet es, zu erkennen, welche innere Kraft und Macht wir haben unser Leben zu gestalten. Denn das tun wir ja bereits sowieso schon die ganze Zeit, ohne dass wir uns darüber im Klaren sind.

Das Resonanzgesetz

Resonanz kommt aus dem lateinischen (*resonare*) und bedeutet so viel wie zurückklingen.

Das Resonanzgesetz besagt, dass jeder Mensch nur die Bereiche der Wirklichkeit wahrnehmen kann, für die er empfänglich ist. Alles, was außerhalb der eigenen Resonanzfähigkeit liegt, kann nicht wahrgenommen werden. Deshalb glaubt jeder Mensch, dass er die Wirklichkeit kennt und es außerhalb dessen nichts mehr gebe.

Alles im Universum unterliegt dem Gesetz der Resonanz, auch der Mensch. Wie bei einem Radio, das auf Kurzwellenempfang eingestellt ist und so keine Mittelwellen empfangen kann, kann ein Mensch, dessen Gedanken, dessen Handeln und vor allem dessen Gefühle auf Sorgen, Befürchtungen, Ängste und Krankheiten eingestellt sind, keine Energie für Gesundheit und Wohlbefinden empfangen.

Das Verstehen des Resonanzgesetzes zieht folglich die Frage nach sich: *„Was muss ich daraus lernen, wann habe ich nicht auf meine innere Stimme gehört? Was habe ich aus meinem Schatten (Verdrängtes) noch nicht ins Bewusstsein geholt?"*

Erst in dem Moment, in dem ich beginne, mich und meine Sichtweise zu verändern, werde ich automatisch meine Umgebung verändern. Hier greift ein Spruch, der genau so wahr ist, wie das Resonanzgesetz selbst: *„Die Umwelt ist der Spiegel deines Selbst"*.

Die Umwelt wird nach dem Gesetz der Resonanz stets das präsentieren, was ich selbst ausstrahle!

Hierzu gelang es erst im Jahr 1995 Zellen im Stirnhirn nachzuweisen, die sogenannten „Spiegelneuronen". Sie stellen das bisher wenig erforschte Resonanzsystem im Gehirn dar, welches Gefühle und Stimmungen anderer Menschen, also des Senders, beim Empfänger zum Erklingen bringt. Seit dem gibt es eine wissenschaftliche Erklärung für Phänomene wie z.B. die Intuition, welche zuvor lange Zeit belächelt wurde. Die Spiegelneuronen gehören zur Grundausstattung im Gehirn, dennoch zählt auch hier das Motto „Use it or lose it", die auf alle Nervenzellsysteme zutrifft.[5]

Negative Gedankenmuster

Jeder von uns ist der *Schöpfer* seiner eigenen Realität.

Wir sind was wir denken! Wir denken ca. 50.000 bis 60.000 Gedanken am Tag und machen uns keine Gedanken darüber, was wir da eigentlich so alles vor uns hin denken. Unsere Gedanken werden gefüttert von Werbung, Krimis, Thriller, Nachrichten, von Alltagsbegegnungen, von Meinungen und Anregungen anderer, von unserer Wahrnehmung. Vieles davon geht ungefiltert in unsere Gedankenwelt über und taucht dann in unserem Alltag wieder auf.

---

[5] http://www.planet-wissen.de/natur/forschung/spiegelneuronen/pwwbspiegelneuronen100.html

Es entstehen sogenannte Glaubenssätze, die nicht nur unsere innere Haltung, sondern auch unsere Realität prägen.

Um nur einige davon aufzuzählen:

- Ich kann/darf niemandem Vertrauen
- Wenn ich krank bin, bekomme ich Aufmerksamkeit und Zuwendung
- Ich habe kein Geld/zu wenig Geld
- Das klappt/funktioniert bei mir nicht
- Mir kann keiner helfen
- Ich weiß am besten, was gut für mich ist (Verstand)
- Ich bin krank
- Ich habe ...(diese Krankheit)
- Habe schon alles versucht, nichts funktioniert (Selbstaufgabe)
- Hab keine Zeit für so was
- Die Menschen sind schlecht
- Mein Nachbar ist ein...
- Ich bin unzufrieden
- Ich darf nicht gesund werden
- Die Welt ist ungerecht
- Immer passiert mir so etwas

Solche und andere Glaubenssätze entstehen aufgrund von Erfahrungen die wir gemacht haben. All unsere Erfahrungen haben unser limbisches System durchlaufen. Es ist unser Wahrnehmungsfilter.

Das limbische System wurde erstmals 1958 von Paul MacLean mit Emotionen in Verbindung gebracht.

Das limbische System umgibt gürtelförmig den Corpus Callosum (das ist die Verbindung oder der Verbindungsstrang der beiden Gehirnhälften) und den Hirnstamm. Sein wichtigster Teil ist der Hypothalamus, der die primären Triebe kontrolliert. Das limbische System ist aber nicht alleiniger Ursprungsort der Emotionen. Es sind hierbei auch ein Teil der Hirnrinde und des Neokortex beteiligt. Dies kann als weiterer Hinweis gedeutet werden, dass unsere Emotionen von unseren Gedanken und Erinnerungen mitbestimmt werden. [6]

Alles was wir je erlebt haben und noch erleben werden, also alles was von „außen" auf uns einwirkt, auch das was wir nicht bewusst wahrnehmen, durchläuft als erstes unser limbisches System. Dort werden in Bruchteilen von Sekunden alle eingehenden Impulse anhand dessen, was schon da ist an Erfahrungen und Erlebten, verglichen und bewertet. Dann wird die entsprechende Reaktion darauf festgelegt, egal ob sie heute noch angemessen ist oder nicht. Das limbische System gilt als Sitz des Gedächtnisses, der Emotionen, der Aufmerksamkeit und des Lernvermögens, weil es schließlich entscheidet was „wichtig" ist und was nicht.[7]

Die Art also, wie wir ein Ereignis wahrnehmen und emotional einfärben, bestimmt unsere Reaktion darauf.

---

[6] vgl. Ron van der Meer und Ad Dudink, ohne Seitenangaben, 1997

[7] vgl. Hannaford 2002: Bewegung ist das Tor zum Lernen, S.63f

Die Emotionen im limbischen System entscheiden auch über die Ausschüttung von Neurotransmittern, die unser Immunsystem entweder stärken oder schwächen.

Alle unsere emotionalen und kognitiven Verarbeitungsmechanismen scheinen biochemisch zu sein. Das bedeutet, dass unsere Gefühle, die wir zu einer bestimmten Situation haben, spezielle Neurotransmitter anregen. Die Art also, wie wir ein Ereignis wahrnehmen und emotional einfärben, bestimmt unsere Reaktion darauf. Zum Beispiel:

Eifersucht	vs.	Compersion
Wut	vs.	Liebe
Angst	vs.	Zuversicht
Zweifel	vs.	Vertrauen
Selbstmitleid	vs.	Akzeptanz

Solche Reaktionen liefern aber wiederum viel Potenzial, daraus etwas zu lernen.

Nun können wir uns die interessante Frage stellen, "Warum wirkt Placebo?"

Weil wir nicht wissen, dass kein Wirkstoff drin ist. Letztendlich bedeutet es, dass Du selbst derjenige bist, der Dich „heilt“.

Jeder der auf ein Placebo positiv reagiert, hat dieses Placebo Kraft seiner Gedanken und seiner Gefühle selbst unbewusst mit positiven Informationen gefüttert. Indem einfach davon ausgegangen wurde, dass bestimmte Wirkstoffe enthalten sind, die der Gesundheit förderlich sind. Auch das ist wiederum Teil des Resonanzgesetzes.

Werde Dir Deiner eigenen Macht bewusst. Der beste Arzt, Therapeut, Berater oder Begleiter ist der, der Dich darin unterstützt und fördert.

Negative Selbstwahrnehmung

Aufgrund von Erfahrungen, die wir in unserem Leben gesammelt und abgespeichert haben, entsteht ein Bild. Das Bild, welches wir von uns selbst haben, unser Selbstbild.

Dieses Selbstbild entspricht nicht der Realität, sondern es ist ein durch äußere Umstände entstandenes Bild. Auf diese äußeren Umstände, haben wir nicht unbedingt Einfluss. Meist waren wir noch klein und abhängig von anderen. Wenn man von sich selbst ein negatives Bild hat, steht es dem inneren Drang zur Selbstverwirklichung wie ein Feindbild gegenüber. Denn eine negative Selbstwahrnehmung hält die dazu passenden negativen Gedanken und Gefühle bereit. Hier schließt sich einmal mehr der Kreis, welche Macht wir in unseren Gedanken und Gefühlen haben.

Negative Selbstwahrnehmung lässt sich an folgenden Zuständen erkennen:

- sich einer Situation nicht gewachsen fühlen,
- sich selbst kleiner machen, als man ist,
- sich selbst als unwichtig empfinden,
- sich gering schätzen,
- sich selbst als unattraktiv sehen,
- sein Äußeres übertrieben kritisieren,
- sich gehen lassen, in der Art, egal wie ich aussehe,

- keine Wertschätzung seinem Körper gegenüber haben,
- zu glauben, andere sind besser als ich,
- sich hängen lassen.

Die meisten Menschen leben im Außen und im Gestern. Alles was sich außerhalb von ihnen abspielt, was sie sehen, hören, spüren und sagen, reflektiert deren IST – Zustand. Dieser IST – Zustand ist voll mit Informationen aus dem Gestern, dem Vorgestern, dem Vorvorgestern, der letzten Monate und Jahre.

Alles, vor allem das Negative, saugen wir besonders gerne auf, als ob wir ein völlig ausgetrockneter Schwamm wären.

Wenn wir weiterhin so verfahren, bleiben wir letztendlich die Gefangenen der Vergangenheit. Wir leben und lieben uns selbst nicht wirklich, wir arbeiten unbewusst gegen das Streben unserer Seele, uns selbst zu verwirklichen und genau das macht es so schwer.

Das, was wir in uns aufnehmen, bestimmt unser Denken und Handeln. Deshalb ist es umso wichtiger, sich darüber im Klaren zu sein, dass das, was wir ungefiltert aufnehmen, noch nicht einmal von uns ist, sondern etwas Fremdes, was in unserem Gehirn versickert, wie Wasser in einer ausgetrockneten Zimmerpflanzenerde.

Warum also lassen wir uns von ungefilterten äußeren Eindrücken leiten, anstatt uns selbst zu leben?

Das Schlimme daran ist, dass, wenn wir uns von außen steuern lassen, wir uns immer mehr da hinein manövrieren.

Dann werden wir wie im Sog eines Strudels nach unten gezogen. Denn das, woran wir denken, wird größer und wächst.

Wenn Du Dich zum Beispiel ständig über dies und jenes sorgst, dann wachsen Deine Sorgen. Selbst dann, wenn sich die Sorgen nicht bestätigen, trotzdem werden sie wachsen, weil Du ihnen permanent Aufmerksamkeit schenkst.

Versuche jetzt bitte nicht an einen Elefanten zu denken. Du siehst, es funktioniert nicht. Du hast bereits das Bild eines Elefanten im Kopf.

Es gibt heutzutage super einfache und funktionale Methoden, die es uns ermöglichen, das Beste aus uns heraus zu holen und dennoch tun wir es nicht, weil wir zu bequem sind.

> *„Nicht weil es schwer ist, wagen wir es nicht, sondern weil wir es nicht wagen, ist es schwer".*
> Lucius Annaeus Seneca[8]

Bequemlichkeit ist der *Feind Nummer eins*, auf dem Weg zu sich selbst. Menschen, die lieber vor dem Fernseher hocken, die keine Lust haben, etwas zu tun und die darauf warten, dass von außen ein Impuls kommt, der dem Leben eine positive Wende gibt, haben einen inneren Feind zu besiegen: die eigene Bequemlichkeit. Schlimmstenfalls hört man von bequemen Menschen, dass alle anderen schuld an ihrer Misere

---

[8] römischer Philosoph, Dramatiker und Staatsmann

sind und sich am besten alle anderen verändern sollten. Entweder ist das bequem, selbstbewusst oder einfach bloß dumm.

Eines steht jedenfalls für jeden einzelnen Menschen auf diesem Planeten unumstößlich fest:

Jeder ist selbst derjenige der sich bewegen muss, der erkennen, tun und handeln muss, der sich verändern muss, der seine Denkmuster aufbrechen muss. Niemand sonst!

Wir können uns Rat, Hilfe und Unterstützung holen, aber umsetzen muss es letztendlich jeder für sich selbst. Der erste Schritt hierzu ist, in Bewegung zu kommen.

Viele Menschen holen sich Hilfe und Unterstützung, um Veränderung herbeizuführen. Ist dann aber die Hilfeleistung abgeschlossen, wird danach allzu oft nichts Weiteres mehr für sich selbst getan.

Den Fehler machen viele, nicht nur viele Menschen, auch viele Unternehmen kommen in Bewegung, holen sich Berater und kaum ist eine Veränderung erkennbar, sehen sie das Ziel als erreicht an. Ist aber niemand mehr da, der einen anderen Blickwinkel behält, ist der Rückfall in alte Muster vorprogrammiert. Denn Veränderung ist eine permanente, andauernde Arbeit an sich selbst, die viel Selbstdisziplin erfordert. Wenn man einen Marathon laufen will, nutzt es selbst dem besten Läufer nichts, nur zu wissen, wie er dafür zu trainieren hat. Er muss es auch permanent tun. Wer nicht einmal die erste Trainingseinheit hinter sich bringen will, kann es auch nicht schaffen.

Der *Feind Nummer zwei,* auf dem Weg zu uns selbst ist der Glaube, schon alles getan zu haben, obwohl eigentlich nicht wirklich viel versucht oder getan wurde. Bei einigen Menschen ist zwar endlich das Gewissen beruhigt, vor allem können sie nun das Argument nutzen, „ ich war doch schon da und dort und hab dies und jenes getan, aber die konnten mir auch nicht helfen".

Nun wird es äußerst schwierig für diesen Menschen werden, tatsächlich noch einmal in Bewegung zu kommen. Befinden sich solche Menschen in unserem Umfeld, wäre es klug irgendwann einfach zu akzeptieren, dass bei einigen der Weg in diesem Leben darin besteht, sich selbst zu bemitleiden.

Feind Nummer drei auf dem Weg zu sich selbst, ist die Selbstaufgabe. Solche Menschen haben schon viel probiert und sind verzweifelt. Sie erwecken den Eindruck schon Veränderung zu wollen, können aber kein Vertrauen mehr fassen. Aber auch hier geschieht nur dass, was dem Inneren dieses Menschen entspricht. Sei es ein Glaubenssatz oder ein ungelöstes Verhaltensmuster.

Im Außen geschieht stets immer nur das, was im Inneren eine Entsprechung hat und wenn wir unser Innerstes nicht kennen, was wollen wir dann verändern?

Wie soll sich im Außen dann etwas anderes zeigen?

Deshalb, beschäftige Dich mit Dir selbst. Mit dem was Du willst und mit dem, was Du nicht mehr willst. Beschäftige Dich mit dem, was Dir gut tut und damit, was Dir nicht gut tut. Beschäftige Dich mit Deinen Zielen und damit, was Du dafür tun kannst Ziele zu erreichen. Täglich. Es muss nicht lange dauern. Du wirst spüren, wie Dein Inneres auf eine ungewohnte Weise lebendig wird. Wir alle sollten daran denken, dass wir nur dieses eine Leben haben und dass es uns in diesem Leben möglichst gut gehen sollte.

Prüfe für Dich, ob du auch zu den Menschen gehörst, die sich viel zu oft von der eigenen Bequemlichkeit einwickeln lassen. Insbesondere in Zeiten, in denen alles gut läuft. In Zeiten, in denen es so scheint als ob alles gut liefe. In Zeiten, in denen das eigene Befinden und die Umstände des Lebens gerade so, noch erträglich sind.

Wenn wir damit aufhören oder nie damit beginnen, uns um unsere inneren Befindlichkeiten zu kümmern, wenn wir uns nicht fördern und nicht mehr fordern, schleicht sich, ohne dass wir es merken, ein Zustand ein, den wir als Interesselosigkeit der eigenen Person, dem eigenen Selbst gegenüber bezeichnen können.

Hörst Du auf Dein Bauchgefühl? Auf die innere Stimme, die nicht Deinem Verstand entspringt? Auf das Bauchgefühl, welches Dir rät, dieses oder jenes zu tun oder es lieber zu lassen?

Falls Deine Antwort "Nein" ist, sind Dir bestimmt auch Deine Ausreden hierfür bekannt. Vielleicht solche wie „alles

Quatsch", „das kann nicht so sein", „mein Verstand sagt mir etwas anderes" usw.

Immer, wenn wir wissen, wir sollten uns mal wieder um unsere Befindlichkeiten kümmern, es aber trotzdem nicht tun, benutzen wir Ausreden, wie zum Beispiel: „keine Zeit", „dafür hab ich kein Geld", „morgen ist auch noch ein Tag", „ich muss aber dieses oder jenes noch tun", "es läuft ein guter Film im Fernsehen", "ich habe Termine" und andere Ausreden mehr.

Nutzen wir solche Ausreden zu oft, dann könnte sich über kurz oder lang Frust bei uns einnisten. Ebenso gut auch ein Burnout, eine Depression oder andere Seins Zustände, die einen unzufrieden und unglücklich machen.

Spätestens dann ist es sehr wahrscheinlich, dass man nur noch nach *außen*, auf sein Umfeld ausgerichtet ist. Darauf, was *andere* sagen oder andere über einen denken könnten, darauf, wie die anderen einen sehen, wie die anderen die eignen Person wertschätzen und wir uns selbst als Folge davon, über andere einem Sinn geben. Ohne sich überhaupt darüber bewusst zu sein, hat man sich an das äußere Umfeld angepasst. Oft spielt die Angst bei anderen anzuecken, keine unwesentliche Rolle dabei, sich an anderen auszurichten.

So werden wir immer weniger wir selbst.

Zu Beginn, als unsere Gefühle uns an stupsten, wurden sie ignoriert und verdrängt. Immer und immer wieder. So wurde man sensibel für sein Umfeld und unsensibel zu sich selbst.

So lernten wir auch, auf Gestik, Mimik und Körpersprache der anderen genau zu reagieren. Ob diese Reaktionen angebracht sind oder nicht.

Auf diesem Weg sind wir in die missliche Lage geraten, mit unserem Denken das zu beurteilen, was wir von anderen, vom Außen aus unserer Umwelt wahrgenommen haben. Dabei beurteilen wir positiv und negativ oder in der kindlichen subjektiven Empfindung: ich war lieb/ ich war böse.

Letztlich geht es dabei um Liebe. Jeder Mensch möchte sich angenommen, wertgeschätzt und geliebt fühlen. Wird jedoch ein von außen kommender Impuls einer negativ gefärbten Beurteilung unterzogen, dann können die positiven Aspekte nicht mehr empfunden werden. Gerade dann, wenn man diese negativ gefärbten Impulse auf die eigene Persönlichkeit gerichtet eingeordnet hat, können solche Gefühle wie Wertschätzung, Liebe oder das Gefühl des Angenommen werden nicht mehr empfunden werden.

Die meisten Menschen haben gelernt und sind so erzogen worden, das negatives Verhalten zu dem Gefühl des Nichtangenommen-seins führt (durch Strafe etc.). Positives Verhalten hingegen wird einfach als selbstverständlich hingenommen, es wird zu wenig Aufmerksamkeit darauf gerichtet, wenn man etwas gut gemacht hat.

Genau hier, liegt der Hase im Pfeffer, denn es besteht die Gefahr, sich zu intensiv auf die vermeintlichen Eigeninterpretationen solch negativer Botschaften zu konzentrieren. Der Grund hierfür liegt vermutlich darin, dass man nur dann

Aufmerksamkeit erhalten hat, wenn man scheinbar in den Augen anderer etwas „falsch" gemacht hat. Wenn wir stattdessen aber alles richtig gemacht haben, erhalten wir nur wenig bis gar keine Aufmerksamkeit.

Da Menschen Aufmerksamkeit benötigen, vom Partner, von den Eltern, von ihren Mitmenschen, von den für sie wichtigen Bezugspersonen, neigen sie dazu, sich auf die negativen Botschaften zu konzentrieren, manchmal sogar danach zu suchen. Dadurch werden letztere im Laufe der Zeit immer mehr, denn das, worauf wir unsere Aufmerksamkeit richten, wächst.

Einem Menschen, dem es so ergangen ist, wie hier beschrieben, muss es irgendwann sehr schlecht gehen. Denn dieser Mensch hat sich ja selbst ständig darin unterstützt, indem er darüber nachdenkt, was andere über ihn denken und dies dementsprechend interpretiert. Dabei weiß er noch nicht einmal ob er mit diesen Interpretationen auch Recht hat. Er wird sehr wahrscheinlich, seinen Interpretationen gemäß, ein entsprechendes Verhalten zeigen, was eventuell wiederum sein Umfeld irritiert. Das Umfeld, bzw. das, was sich im Außen zeigt, spiegelt immer nur das zurück, was in unserem Inneren vor sich geht.

Deswegen ist es wichtig, dass wir darauf achten, was wir selbst in Aussagen und Verhalten anderer hinein interpretieren. Daher sollten wir eine tiefgehende Innenschau betreiben, dahin blickend, wie wir uns fühlen, wie die äußeren Einflüsse auf uns wirken und was sie in uns auslösen.

Wenn wir uns in der eigenen negativen Denkspirale verlieren, indem wir permanent Einflüsse negativ bewerten und interpretieren, bedeutet dies oft auch das Ende von Beziehungen:

nicht nur Partnerschaften, auch Freundschaften, Arbeitsbeziehungen und andere Bindungen können darunter leiden.

Unser Wohlbefinden leidet und wir erzeugen eine ungesunde Wirklichkeit. Wenn wir auf das Außen ausgerichtet sind, entfernen wir uns von uns selbst. Man erwartet von den anderen, sich anders zu verhalten und reagiert schließlich nur noch, anstatt zu agieren.

Wer nur noch auf Einflüsse aus dem Umfeld reagiert, weiß nicht, was er wirklich will.

Wenn es auf Dich zutrifft, dass Du etwas verändern möchtest, dass Du Dir eine gesündere Wirklichkeit erschaffen möchtest, es Dir besser gehen soll, Du Dich selbst besser kennenlernen möchtest, dann warte nicht länger. Fang noch heute damit an, unerwünschte Situationen zu verändern.

Stelle Dir zunächst folgende Fragen, die Du in Ruhe für Dich selbst beantwortest:

- Gibt es jemand Wichtigeren als Du selbst?
- Ist das Gefühl eines anderen Menschen wichtiger als Deines?
- Sind Deine Bedürfnisse unwichtiger, als die der anderen?
- Sind die Gedanken eines anderen wichtiger als Deine eigenen?

Eine der wichtigsten Empfehlungen, die ich im folgenden *Regeln* nenne, einfach deswegen, weil sie berücksichtigt werden sollten, wenn man dauerhafte Veränderungen herbeiführen möchte, lautet:

„Du bist der wichtigste Mensch in Deinem Leben!"

Diese Regel erweckt vielleicht den Eindruck, dass sie rücksichtsloses und engherziges Verhalten fordere. Dem ist aber nicht so, denn es geht ganz gezielt darum, der wichtigste Mensch in DEINEM LEBEN zu sein.

Nicht in dem eines anderen. Ein anderer hat sein eigenes Leben. Ein anderer sollte auch nicht der wichtigste Mensch in Deinem Leben sein, man beraubt ihn und sich selbst dann des eigenen Lebens.

In vielen Beziehungen wird der Fehler gemacht der wichtigste Mensch im Leben des anderen sein zu wollen, dabei wären viele Beziehungen leichter, wenn wir dem anderen das Gefühl geben würden, dass er der wichtigste Mensch in seinem Leben ist.

Regel Nummer zwei:

Warte nicht auf Veränderungen, denn damit verlängerst Du nur die Wartezeit.

Wenn wir warten, liegt die Aufmerksamkeit wieder im Außen, bei anderen und nicht bei uns selbst.

Regel Nummer drei:

Gehe los in Dein eigenes Leben!

Achte darauf, Dich nicht ans „Außen" auszuliefern, indem Du Dir bewusst machst, was Du tust und warum Du es tust. Achte auf Deine Gedanken, was Du denkst und achte auf Deine Gefühle, was Du fühlst.

Regel Nummer vier:

Unser Verstand ist ein guter Diener aber ein schlechter Herr!

Du solltest nicht alles, was Dir in Deinem Leben begegnet, mit Deinem Verstand, bzw. Deinem logischem Denken bezwingen wollen. Nicht, wenn es sich dabei um Deine eigene Person, Dein eigenes Selbst dreht. Der Verstand ist dazu da, etwas umzusetzen.

Ob er das Richtige umsetzt, hängt wiederum davon ab, wie unsere Gefühle dazu stehen. Der Verstand kann uns dabei behilflich sein, unsere Gedanken zu kontrollieren, ebenso gut kann er uns auch davon abhalten etwas anders zu machen. Der Verstand ist immer am Abwägen und am Vergleichen anhand bereits vorhandener (vergangener) Erfahrungen oder anhand Erfahrungen anderer.

Daraus lässt sich Regel Nummer fünf ableiten:

Du bist der Boss in Deinem Leben. Dein Verstand liest lediglich die Landkarte mit der er Dich durchs Leben navigiert.

Aber Vorsicht, es ist Deine individuelle Karte. Sie ist geprägt von Deinen Erfahrungen, von Deinen Mustern, von Deiner Sicht der Welt, aber sie ist nicht die Welt. Mache Dir bewusst, dass Du Dich mit Deiner Vergangenheit durch das Leben steuerst.

Gemachte Erfahrungen, Muster und Prägungen sind nur aus einem einzigen Grund wichtig, nämlich, um **zu erkennen**, um **zu wachsen**, und um das **zu verändern**, was wir verändern möchten. So werden immer wieder neue Wege eingezeichnet.

Verantwortung für sich selbst übernehmen

„Durch nichts als die Seele sind die Sinne zu heilen, und durch nichts als die Sinne ist die Seele zu heilen."
Oscar Wilde

Ich möchte Dich nicht dazu animieren, damit aufzuhören die Dienstleistungsangebote des Gesundheitsmarktes zu nutzen. Jedoch sollte man nicht die Verantwortung für sich selbst, seine Krankheit, sein Wohlbefinden an andere abgeben.

Auch wenn es sich für manche an dieser Stelle befremdlich anhört oder Verständnislosigkeit erwecken könnte, so ist die Verantwortung im Zusammenhang mit dem Titel des Buches und dessen gesamtem Inhalt ein ausschlaggebender Punkt. Wir sollten für uns selbst und für alles, was mit uns zu tun hat, also für unser gesamtes Leben, die volle Verantwortung übernehmen. Denn es gehört ja uns. Verantwortung also, für unsere gesamte erzeugte Wirklichkeit.

Es nützt niemandem etwas und es ändert sich nichts im positiven Sinne, wenn wir die Verantwortung, die wir haben, auf andere oder auf die Umstände schieben. Wir selbst müssen es schließlich wieder ausbaden, damit klarkommen und unerwünschte Zustände verändern, niemand sonst.

Unsere innere Haltung ist ausschlaggebend bei allen Bedingungen und Veränderung unserer Lebensumstände. Die innere Haltung ist bei der Veränderung unserer Lebensumstände oder auf der körperlichen Ebene, bei „Heilerfolgen" mitentscheidend.

Jeder der wirklich eine Veränderung herbeiführen möchte, sollte unbedingt die Verantwortung für seinen Körper, für seine Emotionen, für seine Gedanken und für seine Gefühle übernehmen.

Wäre es nicht sinnvoll zu wissen, zu erfahren, warum ein Bereich Deiner individuellen Wirklichkeit „krank", bzw. ein Bereich Deines Lebens nicht so ist, wie Du es Dir wünschst?

Wäre es nicht ebenso sinnvoll zu wissen, von WO nach WO Du willst?

Dazu ist es notwendig, Deinen jetzigen Standort, Deine derzeitige Ausgangsposition genau zu analysieren. Ich empfehle Dir, alles aufzuschreiben, was Dir dazu einfällt. Akzeptanz, dieses IST- Zustandes mit allem was dazugehört, ist ein wichtiger Faktor. Denn, wenn Du ihn nicht annimmst, bleibst Du in Deinem Abwehrverhalten energetisch mit dem Problem verbunden und kannst Deine Kraft nicht auf das ausrichten, was Du eigentlich erreichen willst. Dann bleibt Deine Kraft an das gebunden, was Du nicht mehr willst. Kraft ist etwas Zielgerichtes, in eine Richtung Wirkendes. Sie kann sich nur auf eine Sache ausrichten, denn sonst weiß sie nicht in welche Richtung es wirklich gehen soll.

Versuche herauszufinden, was Dich in den unerwünschten Zustand mit all seinen Facetten und Ausprägungen geführt hat und bleibe dabei ganz bei Dir selbst. Suche nicht bei den anderen oder in deren Umfeld. Finde heraus, was Du dadurch lernen kannst und wie Deine innere Einstellung zu all dem ist. Was es mit Dir macht und welche Gefühle es in Dir auslöst.

Wenn Du Unterstützung und Hilfe über Beratung, Training, Therapie, medizinische oder sonstige Angebote nutzen möchtest, solltest Du darauf achten, zu wem Du gehst und alle gemachten Aussagen selbst noch einmal für Dich prüfen, ob Du diese annehmen willst oder nicht.

Du bist der wichtigste Mensch in Deinem Leben. Du solltest es Dir Wert sein, nicht nur die entstanden Symptome behandeln zu lassen oder aber Deine derzeitige Lebenssituation zu bedauern. Denn damit unterstützt Du Dich am allerwenigsten.

Denke daran, alle ungesunde körperliche oder andere ungesunde Lebensumstände, wie z.B. Geldmangel, unglückliche Beziehungen, familiäre Probleme, berufliche Schwierigkeiten und Krisen sind letztlich im Körper oder in Deiner Umgebung sichtbar. Die Ursachen hierfür finden wir meist auf einer anderen Ebene unseres menschlichen Systems.

Mache also nicht nur eine Symptom-, sondern eine Wurzelbehandlung.
Erlaube Dir Gesundheit und Wohlbefinden auf allen Ebenen in allen Lebensbereichen.

Die unbewusste Macht unserer Glaubenssätze

Ganz entscheidend für den Erfolg oder Misserfolg einer angestrebten positiven Veränderung sind auch unsere Glaubenssätze. Diese unscheinbaren und unbewussten Programme, entscheiden je nachdem in tragischer- oder glücklicher Weise über unser Leben, bzw. über das, was wir darüber erzeugen, sprich realisieren. Denn es sind Entscheidungen, die wir in der Vergangenheit getroffen haben. Vor allem aber sind sie wie Computerprogramme, die rund um die Uhr in uns ablaufen oder aber in bestimmten Situationen aktiv sind, bzw. gestartet werden.

Glaubenssätze entstehen aber auch, wenn wir die Verantwortung für uns selbst, an andere abgegeben haben. Dann nehmen wir das für wahr an, was der/die anderen sagen, schlimmstenfalls speichern wir es ab und je nach Vorprägung kann dies dramatische Folgen nach sich ziehen. Zum Beispiel bei der Diagnose einer schlimmen Erkrankung. Wenn dann Glaubenssätze wie z.B.: „Mir kann ja sowieso keiner mehr helfen“, „wenn ich krank bin, bekomme ich Aufmerksamkeit, Zuneigung oder Liebe“ oder „ohne Medikamente muss ich sterben“ und ähnliche am wirken sind, hilft es der Diagnose zu weiterhin zu verwirklichen.

Glaubenssätze sind uns nicht immer bewusst, sie haben sich über Jahre hinweg in unserem Unterbewusstsein verankert.

Regel Nummer sechs:
„Höre auf, Dein Leiden, Deine Krankheit, Dein Problem eindimensional zu betrachten".

Placebo versus Noncebo Effekt: negative Überzeugungen

Das Gegenteil des Placebo Effektes ist der Noncebo Effekt. Er kann zu den negativen Gedanken, Emotionen, Glaubenssätzen gezählt werden. Das sind ungesunde Impulse.

„Du hast höchstens noch drei Monate zu leben". Wenn Du Dich entscheidest, diese Aussage zu glauben, dann wird Dir vermutlich auch nicht mehr Zeit bleiben. Wenn Du daran glaubst, hast Du vermutlich Dich selbst, Dein Leben, Deine Eigenverantwortung, Deinen freien Willen (deinen freien Geist) vollkommen abgegeben. Abgegeben an eine dritte, Dir völlig unbekannte Person, der Du grenzenlosen Glauben schenkst. Durch Worte, die in tiefer innerer Überzeugung an einen Menschen herangetragen werden, kann dieser aller Hoffnung, allem Willen und aller positiven Stimmungen beraubt werden.

Ich möchte an dieser Stelle an einem Beispiel deutlich machen, wie wir Menschen uns vom Außen, von Meinungen und Aussagen anderer abhängig machen können.

In einem Internetforum stellte eine Person sinngemäß die Frage, ob Kinesiologie etwas mit Reiki zu tun hat, dass in deren Zusammenhang die Worte Buddhismus und Tantra Yoga aufgetaucht seien. Die betreffende Person ist überzeugter

Christ und hat nun die Befürchtung sich anderen Kräften hinzugeben. Die Antworten (eines Fachmannes) waren sehr neutral formuliert, jedoch wurde die fragende Person, im Falle einer Anwendung der Psycho Kinesiologie, darauf hingewiesen, dass diese mit dem christlichen Glauben nicht zu vereinbaren wäre.

An diesem realen Beispiel wird ganz klar deutlich, wie außengesteuert wir Menschen sein können oder gar sind. War es nicht Jesus, der mit den Händen und mit seinem Geist geheilt hat?

Gibt es nicht Millionen von Christen auf der ganzen Welt, die genau daran glauben? Oder machen sie es sich nur vor, daran zu glauben und jagen dem Mythos einer wunderschönen Geschichte hinterher? Und wenn sie nicht wirklich daran glauben, warum brauchen sie dann eine Führung, eine Orientierung, eine Hoffnung, eine Religion?

Die Anhänger aller Religionen sollten endlich aufhören, nach Unterschieden zu suchen und sich stattdessen lieber auf Gemeinsamkeiten konzentrieren oder darauf, sich aus den verschiedenen Religionen das für sich selbst herauszufiltern, womit sie sich identifizieren können. Zum Beispiel Weisheiten die man annehmen kann und annehmen möchte. Es geht darum, selbst zu entscheiden, was man von anderen religiösen Ausrichtungen für sich gebrauchen kann oder umsetzen möchte und was nicht. Dies ist auf jeden Fall der bessere und friedvollere Weg für einen selbständigen und eigenverantwortlichen Umgang mit sich selbst und mit anderen.

Eine religiöse Glaubensrichtung, welche auch immer, ist kein „Einheitsbrei", den alle essen müssen. Wachstum und eine weitere Entwicklung von menschlichem Bewusstsein ist nicht möglich, solange wir nicht dazu bereit sind, auch Erkenntnisse, Methoden, Ansichten anderer Kulturen anzunehmen.

Es geht darum, sein eigenes „Bewusstsein" zu erweitern. Zu prüfen, was wir glauben wollen, was wir überhaupt wollen und darum, was wir „wirklich" denken wollen. Es geht nicht darum, dem instrumentalisierten Verstand zu folgen, nach dem Motto „mundus vult decipi"[9], sondern dem Streben unserer Seele zu folgen. Wir sitzen mit einer Tüte Chips vor dem Fernseher und schauen uns tragische Nachrichten, Gewalt, Armut und Hunger an, schütteln darüber den Kopf und greifen zu den Chips, als beträfe uns das alles nicht. Wir laden uns ungefiltert negative Bilder in den Kopf, die uns nachts in unseren Träumen begleiten. Fragen wir uns dabei eigentlich: was macht das mit mir? Was hat das mit mir zu tun? Will ich mir das überhaupt anschauen? Schaue ich es mir an, um informiert zu sein oder bloß, weil die Sendung gerade läuft? Will ich eine solche Welt? Wenn die Antwort nein lautet, warum tue ich dann nichts dagegen? Die Vermutung liegt nahe, dass wir alle nach dem Motto „noli turbare circulos meos"[10] leben.

---

[9] Latein: die Welt will betrogen sein

[10] Latein: Störe meine Kreise nicht! Archimedes

Wenn es uns gelingt, ganz tief in uns selbst einzutauchen und dem Streben der Seele zu folgen, unsere innere Stimme zu hören, wird niemals etwas Schlimmes oder Negatives dabei herauskommen. Ob etwas positiv oder negativ ist, richtig oder falsch, darüber entscheidet allein unsere individuelle Beurteilung. Dem Resultat geben wir anschließend über unser Tun und Handeln Kraft.

Im Grunde gibt es kein richtig oder falsch, kein gut oder böse. Im Grunde gibt es nur Energie in seiner reinen Form, egal wie wir sie nennen wollen. Alles andere ist vom Menschen gemacht. Die Moral der Menschheit, die Wertvorstellungen der Menschen, der soziale Umgang untereinander sind in dramatischer Weise gefährdet.

Energetische Wege zur Wirklichkeit

Das folgende Modell der Fünfkörperlehre stammt aus dem über 5.000 Jahre alten Tantra Yoga.

Eine Spieglung des Modells auf die Lebensumstände:

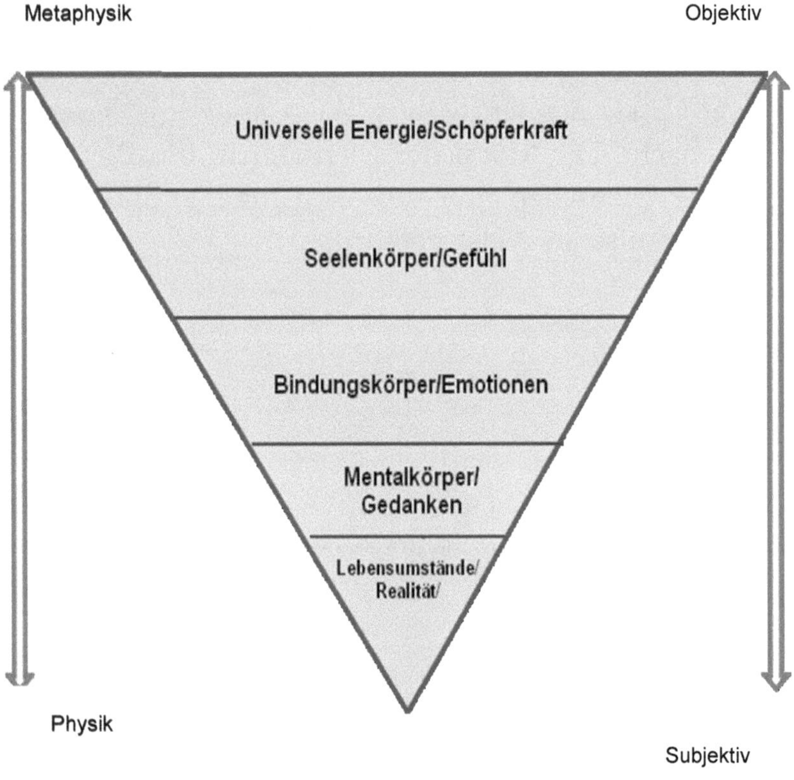

Die Spiegelung veranschaulicht, was passiert, wenn wir unsere Schöpferkraft gezielt für uns einsetzen. Wir machen aus Metaphysik in unserem Leben Physik und das ganz bewusst. Die übergeordnete Ebene hat immer mehr Einfluss als die Untergeordnete.

Das Modell veranschaulicht bildhaft, wie eine Krankheit im Körper oder eine Krankheit (unerwünschte Realität) in unseren Lebensumständen zum Ausdruck kommt. Die Ursachen hierfür sind in einer anderen, höher gelegenen Ebene angelegt worden. Wenn wir wissen wo, ist es uns möglich, nicht nur an den Blättern zu zupfen, sondern die Wurzel zu ziehen. Zu diesem Modell wird es an späterer Stelle, ein Überblick über verschiedene Anwendungsverfahren gegeben, die in den verschiedenen Ebenen griffig sein können.

Erläuterung der verschiedenen Ebenen:

Der Physische Körper, beinhaltet alles, was unseren Körper betrifft, also unsere Sinneswahrnehmungen, Organe, Knochen und biochemischen Vorgänge. Zur Diagnose werden körperliche Untersuchungen, Röntgenaufnahmen und Laboruntersuchungen verwendet. Zu den Behandlungsverfahren gehören die Chiropraktik, Operationen, Krankengymnastik, Medikamente, Kräuter und Bestrahlung.

Der elektrische Körper beinhaltet all unsere emotionalen Vorgänge, er betrifft unser Nervensystem, unser Meridiansystem, die Chakren und die Aura. Mit diesem Körper beschäftigt sich ganz stark die traditionelle chinesische Medizin. Diagnosemethoden sind unter anderem Thermogramm, EEG, EKG, Kinesiologie, chinesische Pulsmessung, Kirlian Fotografie. Zu den Behandlungsverfahren gehört die Körperarbeit,

Akupunktur, Neuraltherapie, Atemtherapie, Emotionale Entspannungsmethoden, Lachen und Standortwechsel.

Der mentale Körper beinhaltet alles was mit Denken zu tun hat, so finden wir hier die Glaubenssätze wieder, unsere Einstellungen, Gedanken und unsere innere Haltung. Hier haben wir es mit dem bewussten und dem unbewussten Verstand zu tun. Zur den Diagnosemethoden gehören demnach psychologische Tests, homöopathisches Repertorisieren[11], psycho-kinesiologische Diagnostik. Zu den Behandlungsverfahren gehören die Homöopathie, Psychotherapie, Psycho Kinesiologie, Coaching, Mentalfeldtherapie, Mentaltraining, Bewusstseinstraining und NLP.

Der Traumkörper beinhaltet alles, was uns unbewusst ist, einen medialen Zustand, Träume und systemische Zusammenhänge. Hier kommen wir immer mehr in den Bereich der Quantenphysik. Diagnosemethoden sind Traumarbeit, Intuition, Psycho Kinesiologie mit Mudras und Symbolen, Familienaufstellungen und andere systemische Aufstellungen, Radi Ästhesie. Zu den Behandlungsverfahren gehören die Hypnotherapie, Radionik, Schamanismus, Jungesche Psychotherapie, Systemtherapien, Familien- und Systemaufstellungen, Mentaltraining, Bewusstseinstraining

---

[11] Repertorisation ist eine Methode, die Homöopathen benutzen, um schneller und sicherer vom Krankheitsbild zum Wahlmittel zu gelangen. Ein Repertorium ist eine Sammlung von nach Bereich und Alphabet sortierten Symptomen.

Der Seelenkörper ist unsere höchste Ebene, hier ist unsere Verbindung zu Gott oder unsere religiöse Anbindung. Es geht um unseren Geist, die Seele, um höheres Bewusstsein. Diagnose ist Wissen, welches jeder selbst erfahren muss. Behandlungsverfahren auf dieser Ebene sollten durch Fremdeinwirkung möglichst unterlassen werden. Hier geht es um Selbstheilung, Gebet und echte Meditation, z.B. durch Mentaltraining und Bewusstseinstraining, mediale Diagnose. Die Pyramide der Gesundheit erklärt, wie und wo Probleme, Unglücklich Sein, Unwohlsein und Krankheit entstehen können. Sie zeigt auf, wo die Ursachen und die Wurzeln hierfür liegen können und dass genau auf dieser Ebene oder besser eine Ebene darüber gearbeitet werden sollte, um langfristige und dauerhafte Erfolge zu erzielen. Die Spiegelung der Pyramide der Gesundheit - die Pyramide der Anziehung - soll aufzeigen, wie sich Dinge, Umstände und Situationen in unserem Leben entwickeln. Wie sie entstehen. Wollen wir uns andere Lebensumstände erschaffen und derzeitige Situationen verändern, müssen wir zuerst unser Denken verändern. Wenn Du z.B. in Deinem Mentalkörper, aufgrund einer früheren Erfahrung ein bestimmtes Denkmuster abgespeichert hast (egal ob dies förderlich für Dich ist oder nicht), dann wird dieses Denkmuster weiter wirken und selbst heute noch, in Situationen, die der damaligen ähneln, aktiv (immer und immer wieder). Das muss Dir gar nicht unbedingt bewusst sein, denn es handelt sich um eine Lernerfahrung, die in Deinem Unterbewusstsein abgespeichert wurde.

Dein Unterbewusstsein kennt solange keine andere Reaktion, bis Du ein neueres produktiveres Denkmuster angelegt und das alte im besten Falle ganz abgelegt hast.

Wir erkennen zwar oft unsere negativen Denkmuster, wissen aber nicht, wie wir sie verändern sollen. Es fällt auch schwer zu glauben, dass sie so eine schädigende Wirkung auf unser Leben und unsere Lebensumstände haben sollen. Aber genau das ist der Fall! Denn an den Gedanken ist eine Emotion, ein Gefühl gekoppelt, welches wiederum an einen anderen tieferliegenden Glaubenssatz gekoppelt sein kann. Dieser wiederum kann ebenfalls an ein Gefühl, eine Emotion gekoppelt sein. So kann die Kette solcher Verknüpfungen im Laufe der Zeit ziemlich lang geworden sein.

Irgendwann nehmen wir dann zuerst eine emotionale Beschwerde wahr. Noch später, falls nichts verändert wurde, eine körperliche Reaktion oder eine andere Manifestation in unseren Lebensumständen.

Leider reagieren viele Menschen erst, wenn Sie wirklich müssen bzw. wenn es notwendig geworden ist, indem z.B. eine Krankheit ausbricht, die Beziehung bereits kaputt gegangen ist oder das Konto leer ist. Wenn aber dann „nur" die Symptome einer Krankheit, behandelt werden, der nächste Partner gesucht wird, das Finanzloch immer wieder mit Ach und Krach oder gar mit geliehenem Geld gestopft wird, bedeutet dies aber auch, dass wir nur auf der körperlichen Ebene bzw. in den Lebensumständen am Wirken sind. Wie lange diese Wirkungen anhalten, liegt nun wiederum daran, wie

Deine mentale Ebene mit der Erfahrung umgeht. Bleibt das „alte" Muster erhalten, wird es weiter wirken und es geht wieder von vorne los. Solange, bis Du sie komplett auflösen kannst. Der körperliche Ausdruck, der Ausdruck in Deinen Lebensumständen hat Dich quasi deutlich auf etwas aufmerksam gemacht.

Willst Du aber wirklich Wohlbefinden und Gesundheit in all Deinen Lebensbereichen, in Deine Lebensumstände bringen, solltest Du beginnen, auf den Ebenen zu arbeiten oder zu wirken, wo die Schieflage ihre Wurzeln geschlagen hat.

Damit meine ich nicht, die gesamte Aufmerksamkeit auf das Leid zu richten. Beachte: das, was unsere Aufmerksamkeit bekommt, wächst. Besser ist es, sich mit den anderen Ebenen auseinander- oder besser zusammenzusetzen, damit wir nicht nur an den Blättern zupfen, sondern möglichst an der Wurzel ziehen.

Das ist mit viel Arbeit verbunden und vielleicht auch unbequem, aber denke daran, nur Du selbst bist für Dich verantwortlich! Gib Dir also den nötigen Selbstwert, indem Du Dich wichtig nimmst.

Bei allen Veränderungen geht es nur um Dich. Nutze die Möglichkeiten und Fähigkeiten, die Dir dabei zur Verfügung stehen.

Bei allen Angeboten und Anwendungen von dritten, seien es nun Seminare, Workshops, Ärzte, Berater, Trainer oder Therapeuten, die Dich dabei unterstützen können, ist es sinnvoll auf eine objektive Beratung zu achten. Folgendes kannst Du dabei tun:

- Achte auf Dein Gefühl. Du solltest Dich mit Deinem Gegenüber und dessen Angebot gut fühlen!
- Achte auf die innere Haltung Deines Gegenübers. Lieber weltoffen als engstirnig, nicht nach dem Motto: mein Angebot ist das Beste für Dich.
- Entscheidungen sollten Dir nicht abgenommen werden, sondern Du solltest Deine eigenen Entscheidungen treffen, so kann Dir nichts übergestülpt werden, z.B. Meinungen oder Ansichten, denn sie bremsen Deine persönliche Entwicklung und Du kannst keinen Nutzen daraus ziehen.
- Du solltest Dein Tempo selbst bestimmen können, damit Du Dich entwickeln kannst und nicht in eine Abhängigkeit gebracht wirst, so nach dem Motto: Du brauchst mich.
- Dass Du Dich jederzeit „frei" fühlst.
- Respekt! Du solltest Dich mit Deinen Problemen, Deinen Anliegen und in Deiner Person angenommen, verstanden und respektiert fühlen.
- Deine Fragen sollten bestmöglich beantwortet werden.

Es ist aber ebenso wichtig in die eigene Verantwortung sich selbst gegenüber gebracht zu werden. So, dass Weiterentwicklung im persönlichen Bereich möglich wird und das persönliche „Bewusstsein" gefördert wird. Daher ist auch Deine innere Haltung ganz entscheidend, die Du den Hilfegebenden entgegenbringst. Es ist wichtig, selbst gewisse Spielregeln zu beachten:

Du solltest offen sein! D.h. nicht gleich alles verwerfen, was an Themen, Theorien und Hypothesen auf Dich zukommt. Lieber erst einmal sacken lassen und wirklich spüren, was es mit Dir zu tun haben könnte.

Manchmal hörst Du Dinge, die Du nicht hören willst. Oft können es aber wichtige Hinweise sein. Manchmal auch richtige! Prüfe sie und frage nach, bevor Du alles hinwirfst.

Manchmal fühlst Du Dich vielleicht sogar von Deinem Berater fallen gelassen! Auch das kann unter Umständen ein wichtiger Prozess sein, der einzig und allein nur mit Dir selbst zu tun haben kann und letztendlich sogar förderlich für Dich sein kann. Prüfe mit Deinem Berater/Therapeuten solche Erfahrungen. Schaut gemeinsam oder schau allein, ob Du Dich schon öfter so gefühlt hast, was dieses Gefühle mit Dir zu tun hat und frage gegebenenfalls lieber noch einmal nach.

Akzeptanz! Nicht nur Du musst mit Deinem Berater/Therapeuten „können", sondern er/sie auch mit Dir. Jeder hat das Recht auf Zusammenarbeit zu verzichten. In solchen Fällen solltest Du es nicht persönlich nehmen.

Schätze die Arbeit an Dir selbst Wert, auch der Person gegenüber, die Dich darin unterstützen möchte.

Sage vereinbarte Termine frühzeitig ab. Nicht nach dem Motto „da hab ich heut keine Lust drauf". Es handelt sich nicht nur um Dich, sondern auch um einen Mitmenschen, der sich für Dich Zeit nehmen wollte, um Dich zu unterstützen. Außerdem hätte ein anderer diesen Termin vielleicht gerne genommen.

Wir-Du-Ich: Wie sich familiäre Verbindungen auf unsere Realität auswirken

„Nichts ist dicker als Blut", an diesem Satz ist im übertragenen Sinne sehr viel Wahres.

Wir können nicht dem entfliehen, in das wir hineingeboren wurden. Nein! Eigentlich haben wir auch hier die Aufgabe, genauer hinzuschauen.

Oftmals, haben wir uns Probleme, Verhaltensweisen und sogar Krankheiten ans Bein gebunden, die gar nicht unserem Wesen entsprechen. Manchmal stellst Du Dir vielleicht die Frage: „Warum ist das bei mir so? Das passt doch gar nicht zu mir, das bin ich doch nicht!"

Wenn man an diesem Punkt ist, so ist man quasi von seinem Trieb zur Selbstverwirklichung angestoßen worden, genauer hinzuschauen und etwas zu verändern.

Diese durch Verbindung entstandenen (Schein-) Realitäten, finden wir in dem Modell (siehe S.144) auf der 4. Ebene wieder.

Schauen wir uns hierzu familiäre Verbindungen an.

In einer Familie leben einzelne Personen, die ein gemeinsames System, ein Familiensystem, bilden. Ein Familiensystem besteht aus zwei Familiensystemen. Aus dem er der eigenen Familie (Ursprungsfamilie) und dem Familiensystem des Partners. Die Kinder, die daraus hervorgehen, sind also von beiden Familiensystemen betroffen, ebenso wie Du selbst, als Kind Deiner Eltern. Und so geht es weiter zurück in Deiner Familienlinie, endlos weit.

Es scheint demnach kaum möglich, dass sich eine Familie bzw. einzelne Mitglieder einer Familie, nach der Lektüre dieses Buches als „gesund“ in einem weiteren Sinne empfinden.

Werden innere Fragen und Gefühle ignoriert, dann nehmen wir Teilen dieses Familiensystems tragischer Weise die Chance, sich zu regenerieren und die „Störung“ wird sich weiter den Familienstammbaum entlang fortpflanzen.

Ich versuche diesen Vorgang anhand einer bildhaften Darstellung des Familienstammbaumes etwas näher zu erläutern:

Die Wurzel eines Familienstammbaumes sind die Gründer der Familie, es wachsen Äste und Zweige (Kinder), die sich weiter verästeln und verzweigen (nähere Verwandtschaft). Wenn man einen Ast absägt, fehlt etwas an diesem Baum. Der ganze Baum spürt, dass ihm etwas fehlt oder dass er beschädigt ist.

Es gibt Menschen, die über Schmerzen im linken Zeh klagen, obwohl sie gar kein Bein mehr haben.

Es geht in einem Familiensystem um Vollständigkeit.

Wir sind mit unseren Familienmitgliedern wie durch ein unsichtbares Netz miteinander verbunden. Dieser Verbund, das Familiensystem also, hat immer das Bestreben, sich zu erhalten. Dieses Streben der Familienseele findet auf unserer unbewussten Ebene statt.

Die einzelnen Mitglieder einer Familie wollen anerkannt, gesehen, gewürdigt und geliebt werden. Sie wollen einen Platz in diesem System und zwar den, der ihnen zusteht und auf den sie auch gehören.

Hierzu gehören die Lebenden und die Toten und auch die, die nie da waren (sei es durch Fehlgeburt, Abtreibung oder Todgeburt), ihre Seele, ihre Energie war da, wenn auch nur kurz.

All dieses Streben nach Liebe geschieht über unsere Energiefelder und unsichtbaren Verbindungen auf der Traumebene in der Pyramide der Gesundheit, d.h. wir sind uns dessen nicht unbedingt bewusst.

Diese Energiefelder nennt man auch Morpho-Energetische-Felder. Die Felder kann nicht jeder sehen, aber jeder kann sie fühlen oder spüren.

Es ist immer die Seele, hier die Familienseele, die uns auf Unstimmigkeiten aufmerksam machen möchte.

So ist es möglich, dass man aus Liebe zu einem Familienmitglied unbewusst dessen Schicksal trägt (quasi, den Phantomscherz des linken Zehs). Man trägt oder übernimmt dieses Schicksal, entweder um selbst Liebe zu bekommen oder aber zum Erhalt bzw. zur Vervollständigung des Systems. Das bedeutet, jemand anderer sollte in seinem Schicksal gesehen, geliebt und angenommen werden, als ein zugehöriger Teil des Systems. Ein Familienmitglied kann vollkommen unbewusst auf etwas was nicht in Ordnung ist aufmerksam machen und reagiert praktisch auf das Streben der Familienseele nach Ordnung, Anerkennung und Liebe.

In einem System, egal in welchem, geht es immer um Zugehörigkeit, Ausgleich und Ordnung.

Das heute so stark verbreitete ADHS Syndrom bei Kindern, ist nach meiner Erfahrung oftmals ein Indiz dafür, auf etwas aufmerksam zu machen, was innerhalb des Familiensystem in „Unordnung" geraten ist, vergessen wurde, nicht gesehen und gewürdigt wird.

Schauen wir uns noch einmal die Pyramide der Gesundheit an.

Das Familiensystem (Teil des Traumkörpers) liegt ziemlich weit oben. Das bedeutet, alle darunter liegenden Symptome können dort gelöst werden, falls die Wurzel der Symptome im Familiensystem zu ziehen ist.

Diese hoch sensible und energetische Arbeit mit einem Familiensystem und mit anderen Systemen, erfordert sehr viel Feingefühl von dem, der sie ausführt.

Der Berater/Aufsteller und auch der User, sollten wissen, dass ein Fluss nicht bergauf fließt. Das bedeutet, der Aufstellende kann nicht die Probleme seiner Eltern, Großeltern, Onkel und Tanten auflösen. Das ist auch nicht Sinn und Zweck der Sache, es geht in erster Linie nur um den Aufstellenden

(Hilfesuchenden) selbst. Da jeder selbst der Schöpfer seines Lebens ist, können wir uns von „alten" Mustern lösen oder Verbindungen verändern.

Denn so, wie auch Deine Seele nach Selbstverwirklichung strebt, so strebt die Seele der Familie nach Ordnung, Liebe, Zugehörigkeit und Ausgleich. Das eine ist ohne das andere nicht möglich, so komplex das auch erscheinen mag und so schwierig es vielleicht auch zu verstehen ist.

Bei alle dem sollte es immer um das Hier und Heute gehen und um die Person selbst, um ihr jetziges System und um ihr derzeitiges Problem.

Bei den eigenen Kindern wiederum ist es etwas anders. Sie liegen in der Linie unter Dir, der Fluss fließt bergab. Da die Kinder etwas übernehmen, ein Verhalten oder was auch immer, kannst Du es ändern, indem Du selbst etwas veränderst.

Im Vergleich zur Unendlichkeit, dauert unser Leben nur einen kurzen Augenblick. Ein Augenblick, indem wir es wahrscheinlich nicht schaffen werden, alles zu lösen oder gar dem Anspruch gerecht werden zu wollen, alles zu verstehen.

Aber wir können es sehr wohl schaffen, im eigenen Leben bewusst Regie zu führen.

Aufstellungen sind heute vielfach wissenschaftlich untersucht, erprobt und weiterentwickelt worden. Wir haben nicht nur ein Familiensystem, sondern sind darüber hinaus ebenfalls in verschiedene Systeme eingebunden. Sei es beruflich, privat, gedanklich oder körperlich. Das heißt, auch diese Systeme unterliegen einer Ordnung und können durch Aufstellungen im persönlichen Erleben nachgebildet (aufgestellt) werden.

Wenn Du Dich dazu entschließen willst, selbst einmal eine Aufstellung für Dich zu machen, wäre es sinnvoll Dich im Vorfeld zu fragen:

- Was will ich damit erreichen?
- Und was ist eigentlich mein Thema?

Einfach mal so die gesamt Familie aufstellen, mit womöglich noch sämtlichen Urahnen, bringt nicht wirklich viel. Der Aufsteller sieht zwar die Unordnung und das Chaos, weiß aber nicht, worum es hier eigentlich geht, somit auch nicht, wo eigentlich der Anfang in diesem Wollknäuel zu finden ist und mit wem oder an was hier zu arbeiten ist.

Es besteht die Gefahr zu vieler „Baustellen", und dass an einer Baustelle gearbeitet wird, die gar nichts zu Sache beiträgt! Dieser Umstand ist äußerst ungünstig und man begibt sich in die Gefahr, dass es einem nach der Aufstellung vielleicht schlechter geht als vorher.

Deshalb ist es wichtig zu wissen, warum wir eine Aufstellung machen möchten. Auch empfiehlt es sich, Aufstellungen so klein wie möglich zu halten. Personen hinzufügen kann man während einer Aufstellung gegebenenfalls immer noch. Denn je mehr Leute in einer Aufstellung stehen, umso schwieriger kann es werden, den Knackpunkt zu finden und die vielen Personen zu verstehen.

Was Du selbst bei einer Aufstellung beherzigen solltest, falls Du dich dazu entschließt an einer solchen teilzunehmen:

Manchmal zeigen sich Teile eines Systems, die Du nicht mehr zuordnen kannst, weil wir Du sie nicht kennst, sie Dir nicht "bewusst" sind. Es ist nicht immer wichtig, genau zu wissen, um wen oder was es sich dabei handelt. Generell solltest Du nicht gleich über die Erfahrungen der Aufstellung reden sobald sie beendet ist. Das Ergebnis würde sozusagen zerredet. Oft besteht das starke Bedürfnis allen und jedem davon zu erzählen oder die Neugier der Anderen veranlasst zum Reden, zum Überlegen und so weiter. Eine Aufstellung verursacht energetische Veränderungen, diese benötigen eine gewisse Zeit, um sich neu zu manifestieren. Das ist so ähnlich wie mit einem rohen Ei, welches im kochenden Wasser eine gewisse Zeit braucht, um fest zu werden. Das holen wir ja auch nicht ständig aus dem Wasser und schlagen es auf, nur um nachzusehen, ob es schon fest ist.

Erinnere Dich lieber an die positiven Erfahrungen des Endbildes, an das Gefühl in Deinem Herzen, so hilfst Du Dir selbst am besten.

Eine Aufstellung ist eine hoch energetische Arbeit, die man ernst nehmen sollte. Jeder sollte sich darüber bewusst sein, dass es sich hierbei um energetische Veränderung in einem bestehenden System handelt.

Für mich hat es etwas Anmutiges, eine solche Arbeit zu verrichten. Man sollte würdevoll mit dem System umgehen. Es handelt sich schließlich um die unbewussten Ebenen des

Menschen und um Energien von bereits Verstorbenen, denen man respektvoll gegenübertreten sollte.

Es ist besser, eine Aufstellung abzubrechen, falls es nicht weitergeht oder der Aufstellungsleiter selbst nicht mehr weiter weiß, als weiterzumachen und schlimmstenfalls die ganze vorhandene Energie runter zu ziehen.

Ein guter Aufsteller wird so handeln. Denn, wenn man ein Aufstellung abbricht, hat man nichts verändert, somit auch nichts schlechter und nichts besser gemacht.

> *„Man sieht nur mit dem Herzen gut, das wesentliche ist für die Augen unsichtbar."*
>
> Antoine de Saint-Exupéry

Kennst Du eines der Gefühle, eine der Empfindungen oder einen der Gedanken, die sich in einem Menschen auftun, wenn dieser sich vom Leben benachteiligt fühlt?

Vermutlich handelt es ich um Wut, Zorn, Verzweiflung, Angst, Ohnmacht oder um ähnliche Empfindungen die einfach nur undefinierbares Chaos und Gefühlswirrwarr erzeugen. Kannst Du mir in dem Punkt zustimmen, dass wir uns gerade dann vielmehr die Frage stellen sollten, was wir vom Leben wollen, anstatt sich in diesem Zustand zu fragen, was das Leben von uns will? Die zweite oft im Untergrund wirkende Frage behindert doch eigentlich das, was wir uns vom Leben wünschen. Denn wir wären ja dann damit beschäftigt, die Antwort auf diese Frage zu suchen. Nur wo, wie und wann kann man darauf eine Antwort erhalten?

Es geht nicht darum, was das Leben von uns will, sondern vielmehr darum, was wir von unserem Leben wollen. Darum, wie unsere Wirklichkeit aussehen soll, wie sie sich anfühlen soll.

Wer sich unbewusst von der Frage leiten lässt: „Was will das Leben von mir, was wollen die anderen von mir, was soll ich tun, damit das Leben es gut mit mir meint?", der bleibt solange auf der Suche nach den Antworten, nach dem Sinn, solange diese Fragen, ihr geistiges Unwesen in dessen Gedanken treiben.

So steht man quasi wie in einer Warteschlange und wartet darauf, dass etwas passiert. Dass sich die Umstände verbessern, dass es eine unverhoffte Gehaltserhöhung gibt, dass ein anderer Job kommt, der Partner wieder liebevoller wird und so weiter.

Ist man davon betroffen, wartet man, dass von „außen" etwas in Bewegung kommt, dass im Außen etwas Entscheidendes passiert. So soll sich das „eigene" Leben endlich wieder von selbst in die richtige Bahn lenken. Möchte nicht jeder Mensch einfach nur glücklich und zufrieden sein oder endlich auch mal auf einen „grünen" Zweig kommen?

Aber, sind wir uns tatsächlich dessen bewusst, dass eigentlich wir selbst der Schöpfer unseres Lebens und somit auch unserer Wirklichkeit sind?

Viel zu oft lassen wir uns doch von unserer Umwelt steuern. Wir regieren unangemessen oder regen uns über dieses und jenes auf. Wir halten Situationen aus, obwohl wir eigentlich lieber etwas anderes tun würden. Ist es nicht so, dass wir eigentlich darauf hören, was andere von uns erwarten oder darauf, was uns außerhalb unseres Selbst aus unserer Umgebung übergestülpt wird? Verschließen wir nicht die Ohren für unser Innerstes, haben wir nicht gelernt, unsere innere Stimme und unsere Gefühle zu verdrängen?

Was sollte das Leben also schon von uns wollen? Es ist einfach nur da, solange bis wir anfangen, es zu ganz bewusst zu fordern.

Lassen wir uns weiter einfach so durch das Leben treiben, geschieht nichts was uns wirklich erfüllt, glücklich und zufrieden macht.

Man bleibt auf der Suche und wartet, dass endlich wieder bessere Zeiten kommen mögen!

Das Leben ist dazu da, aktiv gelebt zu werden. Wir sind dazu da, aktiv unser Selbst zu leben, denn durch diese Aktivität erhalten wir den Erfolg davon in unserer Realität zurückgespiegelt. Unserer Wirklichkeit wird dann bewusst aktiv gestaltet.

Vermutlich kennst Du auch die althergebrachte Frage aus Deiner Jugend: „Was willst Du eigentlich vom Deinem Leben?“ und sicherlich wurde diese Frage auch mit *"Du musst...."* beantwortet.

Aus dem Verstand heraus, fallen uns tausend Dinge ein, die wir vom Leben wollen: „Ein schickes Auto, eine tolle Wohnung, einen Sechser im Lotto“. Man bekommt diese Dinge nicht, solange unterschwellig Fragen am Kreisen sind wie: „Was will das Leben von mir?“, "Was muss ich tun?", „Warum ich?“, „Wieso, weshalb, warum?“

Denn all diesen Fragen liegt ein tiefer innerer Glaube, ein tiefes inneres Gefühl zugrunde, welches die MACHT über unsere Wirklichkeit übernommen hat.

Unser Leben ist für uns da. Nicht umsonst heißt es „das Leben ist ein Geschenk Gottes“. Allein deshalb sollten wir wagen, es auch endlich mal auspacken, um nachzuschauen was drin ist und es nicht länger unter dem Arm geklemmt, planlos und verkrampft mit uns herumtragen.

Aber selbst das Auspacken eines Geschenkes erfordert zunächst einmal eine Aktivität. Das Erste wäre, es in die Hand zu nehmen.

Im millionenfach verkauften Bestseller „Harry Potter und der Gefangene von Askaban“, gibt es die Irrwichte, die in einer Kiste gefangen sind. Diese Irrwichte können verschiedene Gestalten annehmen. Jeder Zauberschüler bekommt beim Öffnen der Kiste, einen Irrwicht in der Gestalt zu sehen, vor der er sich am meisten fürchtet.

Die ungesteuerten und unbewussten Gedanken der Furcht und die grausame Vorstellung zeigen ihm das entsprechende Bild der Angst. Sie wird durch den Irr Wicht Realität.

Das, was „Harry Potter“ lernen sollte, gilt für uns alle. Er sollte lernen, seine Gedanken zu beherrschen, sie zu kontrollieren und sie zu bewusst zu steuern, um so schließlich den „Irrwicht“ zu kontrollieren. Harry hatte gelernt, mit seinen Gedanken bewusst umzugehen und den Irrwicht Kraft seiner Gedanken in einer Gestalt erscheinen lassen, die ihn mit Humor erfüllte. Die Angst verlor ihre Macht und Harry erzeugte nun ganz bewusst Realität. Wir alle haben unseren ganz persönlichen Irrwicht, der immer die Gestalt annimmt, die sich auch in unseren Gedanken wiederfinden lässt.

So verhält es sich im Grunde genommen auch mit dem Geschenk des Lebens. Konzentriere Dich auf den Inhalt, auf Deine Gedanken, auf das, was sich zeigen, was sich erfüllen soll. Wäre es nicht schön, wenn wir uns nicht länger von äußeren Umständen in Angst und Schrecken versetzen ließen?

Das eigene Leben „verzaubern“ und sich selbst verwirklichen

Möchtest Du Teile oder vielleicht auch Dein gesamtes Leben „verzaubern“?

Das Leben kann nur das hervorbringen, was in uns ist: Ängste, Befürchtungen, Sorgen oder aber Liebe, Freude, Fülle. Es liegt an uns, nicht an dem Leben selbst. WIR SELBST SIND DAS LEBEN.

Wird aus Deiner Kiste bzw. Deinem Geschenk etwas herauskommen, was Du nicht willst, wird es Dir nichts nutzen, Dich auf die Kiste zu setzen um den Deckel geschlossen zu halten. Du musst es Dir ganz bewusst anschauen, nur dann kannst Du auch etwas verändern.

Unser natürlicher Schutzmechanismus kann sehr hartnäckig und gekonnt bestimmte Erfahrungen versteckt halten. Selbst dann, wenn wir schon lange glauben, alle früheren Erfahrungen und Prägungen schon gelöst zu haben. Denn Wiederholungen können wehtun, und das wollen wir nicht noch einmal erfahren müssen. Um was es aber dabei geht ist, dass wir gerade das wieder erfahren, was wir nicht mehr erfahren wollten. Dies geschieht deshalb, weil wir unsere Aufmerksamkeit unbewusst immer noch auf das richten, was wir nicht mehr haben wollen. Unser Verstand funktioniert hervorragend darin, nur die äußeren Einflüsse und Umstände in Betracht zu ziehen. Aber nur wenn wir wissen, was wir aus den gemachten Erfahrungen wirklich gelernt und verinnerlicht haben, welchen Glauben und welche Überzeugung wir daraufhin verinnerlicht haben, nur dann können wir uns heute bewusst für etwas Anderes entscheiden. Eine Entscheidung, wirkt wie ein Glaubenssatz. Glaubenssätze wirken in uns (Wirklichkeit). Nur wenn wir wissen, wie und vor allem welche früheren Glaubenssätze (die heute zum Teil vollkommen unbrauchbar für uns geworden sind) getroffen wurden, können wir künftig anders entscheiden. Durch das Aufbrechen eines „alten" Glaubenssatzes und das bewusste Treffen einer anderen Entscheidung kann es sein, dass wir uns dann plötzlich auch anders verhalten, dass wir im „Außen" andere Umstände und Lebensbedingungen anziehen. Wir verändern unsere Wirklichkeit.

Voraussetzung dafür ist die Bereitschaft, permanent an sich zu arbeiten.

Schauen wir hierzu noch genauer auf die Frage: „Was will das Leben nur von mir?" bleibt folgendes davon in unserer Wirklichkeit übrig: *Was* bedeutet diese Frage, um was handelt es sich hier eigentlich?

Will, also Wollen, bedeutet: ich will, ... habe den Willen zu...

Das Leben, also etwas, das sich außerhalb von uns selbst und im irgendwo befindet.

Von mir, verstehe ich als Abgrenzung, Distanzierung bzw. weg von mir, von der eigenen Person verlangend, nach dem Motto „Was willst du von mir?". „Von mir" bedeutet andererseits aber auch, dass man etwas zu geben hat.

Im Prinzip bedeutet hier diese Frage:

Verstehe nicht/kenne nicht den Wunsch, den Willen, die Absicht, die von außerhalb an mich gerichtet wird. Jedoch soll die Antwort darauf aus der eigenen Person, aus uns selbst kommen. Aber, welche Antwort, soll bei einer solchen Fragestellung gegeben werden?

Eine Frage, die auf diese Weise gestellt wird, bleibt wohl für immer unbeantwortet. Sie ergibt nämlich keinen verstehbaren Sinn. Verstehen gelingt nur auf der Verstandesebene, das heißt, hier wird der Verstand angesprochen.

Anders sieht es bei der Frage aus: „Was will ich selbst eigentlich in oder von meinem Leben?" Diese Fragestellung bedeutet in Deiner Realität: Ich verstehe/kenne/weiß nicht, was meine Absicht ist, was mein Wille ist, den ich aus mir selbst heraus an mich selbst richte. Hierauf kann eine Antwort, aus der eigenen Person heraus, gefunden werden.

Wenn wir uns jetzt die Frage stellen „Was will ich selbst eigentlich in meinem Leben?" und wir uns etwas Zeit und Ruhe gönnen, werden wir unweigerlich zu unserem Gefühl kommen. Denn bei dieser Frage wird unsere Gefühlsebene angesprochen. Das, was wir selbst wirklich wollen.

Wenn wir uns unbewusst die Frage stellen: „Was will das Leben nur von mir?" kann es sein, dass wir alles Mögliche tun, um dem Außen, den äußeren Umständen gerecht zu werden.

Unter Umständen kann daraus ein lebenslanger Prozess werden. Wie soll uns auch das Leben bzw. unser Verstand sagen, was das Leben von uns will?

Gehörst Du auch zu den Menschen, die gelernt haben, das Leben als etwas, das außerhalb von uns selbst liegt, viel zu lange vor Dir her zu schieben? Diejenigen, die schon als Kind immer hörten „Kind, du hast doch noch dein ganzes Leben vor dir!“ Dieser Satz könnte sich im wahrsten Sinne des Wortes bei dem einen oder anderen eingenistet haben.

„Das Leben vor dir“, als etwas, was außerhalb von uns selbst und immer irgendwo in der Zukunft liegt.

Dabei sind wir doch schon seit unserer Geburt, ja sogar seit der Schwangerschaft mitten drin, in unserem Leben. Nicht davor und nicht dahinter, sondern mittendrin.

Das Leben ist nicht etwas, dem man ständig hinterher hinken sollte.

Menschen möchten sich selbst verwirklichen. Ich habe die Grundannahme, dass sich jeder Mensch, auf seine ganz eigene Art und Weise selbst verwirklichen möchte. Gehörst Du auch dazu?

Das Wort „Selbst“ bezieht sich für die meisten Menschen immer auf die eigene Person. ICH SELBST. Im eigentlichen Sinne erfasst es jedoch sehr viel mehr, als nur die eigene Person in Fleisch und Blut. Das Selbst oder Selbstsein, bezieht sich auf die individuelle Seele des Menschen. „Was will ich selbst?“ bedeutet eigentlich „Was will meine Seele?“

Bei der „Verwirklichung“, beim sich-selbst-Verwirklichen, finden wir die Worte „wirken“, also etwas tun, ausstrahlen, bewegen, schaffen oder vollbringen und das Wort „wirklich“ wieder.

Wenn wir uns selbst verwirklichen möchten, sind wir demnach aufgefordert, selbst etwas zu tun. Das wir uns bewegen, etwas erschaffen, was unser Selbst hervorbringt, um damit eine bestimmte von uns gewollte Wirkung zu erzielen.

In der Physik bedeutet wirken:

Ein Produkt (H) aus der Energie (E) und der Zeit (t), bzw. dem Impuls (p) und dem Weg (s).

So wird unsere Wirklichkeit erschaffen, unsere individuelle Realität.

Eine andere Erläuterung oder Erklärung findet sich in der buddhistischen Lehre wieder:

Die buddhistische Lehre unterscheidet zwischen der relativen Wirklichkeit und der absoluten Wirklichkeit. Dabei entspricht die relative Wirklichkeit der alltäglichen von jedem „unerleuchteten“ Wesen individuell erlebten Welt, die geprägt ist von Leiden.

Die absolute Wirklichkeit ist frei von individuellen Prägungen und Bedingungen. (das, was in diesem Buch die Selbstverwirklichung ausdrücken möchte). Die absolute Wirklichkeit wird im Nirwana erkannt, als die *täglichen* Verhältnisse, Prozesse, bzw. Wirkungen, die frei sind von allem Leiden.

Die relative Wirklichkeit (also unsere individuelle Erfahrungswelt, die durch Prägungen entstanden ist), ist aus buddhistischer Sicht wie ein Traum zu sehen.

Diese frühen Muster und Prägungen sind in einem „unbewussten Zustand" entstanden.

Mit Hilfe von Praktiken wie Meditation und Yoga ist es möglich, dieses unbewusste Geschehen-lassen unseres Erlebens zu erkennen und uns selbst zu finden. Dazu gehört, aus buddhistischer Sicht, auch die Erkenntnis, dass es keine Trennung zwischen dem Beobachter, dem zu Beobachtenden und dem Prozess des Beobachtens gibt. Doch was bedeutet diese buddhistische Sichtweise? Sie bedeutet, dass wir ständig am Beobachten sind. Wir sehen etwas und wir beobachten das, was wir sehen. Wir fühlen etwas und wir beobachten das, was wir fühlen. Wir denken etwas und wir beobachten das, was wir denken und unter dem Beobachten sehen wir, denken wir und fühlen wir.

Wenn wir uns selbst aus einer anderen Perspektive heraus z.B. durch Meditation aus dem Seelenzustand heraus beobachten, so sind wir selbst der Beobachtende. Sehen wir ein Tier, einen anderen Menschen, so sind wir es selbst. Denken wir an Gott, als ein übergeordnetes Wesen oder eine übergeordnete Macht, so sind wir es selbst. Selbst, wenn dieses „so sind wir es selbst" nur einem einzigen Sandkorn des gesamten Strandes entspricht, bedeutet es nichts anderes, als: dass wir alle EINS sind. Das alles mit allem in Verbindung steht, alles demselben Ursprung entstammt, von dem alles ein Teil ist, welches immer in Verbindung zu ALLEM bleibt.

Ein wichtiger Punkt in diesem Prozess ist die Erzeugung von Liebe und Mitgefühl allen Wesen gegenüber. Diese Emotionen fördern die Entwicklung hin zu der Erkenntnis der „absoluten Wirklichkeit", die frei ist von Leiden (Nirwana).

> *„Ziel des Lebens ist Selbstverwirklichung. Das eigene Wesen völlig zur Entfaltung zu bringen, das ist unsere Bestimmung."*
> Oscar Wilde

Ich möchte aber noch einmal kurz auf den schwer definierbaren Begriff „Nirwana" eingehen, da er in der Rezeptionsgeschichte des Buddhismus hier im Westen zu vielen Missverständnissen geführt hat.

Das Wort Nirwana bedeutet wörtlich „ver-wehen" und meint damit das Verwehen aller an die Vorstellung vom Dasein bindenden Faktoren. Nirwana kann mit Worten letztlich nicht beschrieben werden, sondern nur erlebt werden.

Das Leben kann nach buddhistischer Sicht mit einer Münze verglichen werden:

Die eine Seite ist die weltliche, relative Sicht oder Wirklichkeit, die andere ist Nirwana, die überweltliche absolute Sicht oder Wirklichkeit. Beide sind untrennbar miteinander verbunden.

Das Nirwana oder nach meiner Definition „bewusst Sein" ist nicht etwas, was sich erst mit dem Tod einstellt, sondern kann, bei entsprechender mentaler oder „bewusster“ Entwicklung, auch im Leben erreicht werden.

Nirwana oder „bewusst Sein“ bedeutet auch nicht ein unaufhörlicher Zustand überschwänglicher Euphorie oder Glücks, sondern ist vergänglich wie alle Dinge auf der Welt. Es ist ein Moment, der gleichbedeutend mit innerer Ruhe ist und er besteht im frei sein von allen Unruhen des Geistes, von allen Wünschen und allem Denken. Nirwana oder „bewusst Sein“ ist kein Ding oder Gegenstand, sondern eine Erfahrung die jedem zugänglich sein kann.

Nirwana erschafft nicht die vielen Weltdinge, so wie z.B. ein Künstler sein Kunstwerk erschafft. Die Schöpfer sind und bleiben wir selber, in unserem Denken, Tun, Handeln und Entscheiden.

In psychisch- existenzieller Hinsicht ist Nirwana das Verwehen von falschen Wirklichkeitsvorstellungen, von Leidenschaften, Abhängigkeiten, Verlangen und davon etwas unbedingt haben zu wollen oder unbedingt von etwas frei sein zu wollen.

Manchmal sitzen alte Verhaltensmuster, Prägungen, Entscheidungen, Ursachen von Krankheiten und Problemen oder einmal gefassten Glaubensätzen sehr tief. So, dass sie nicht unbedingt gleich zu greifen oder zu erfassen sind.

Vor allem dann, wenn man sich bereits einen guten und dicken Überlebenspanzer im Laufe der Jahre geschaffen hat, kann unser Verstand sehr trickreich sein, um uns vor den negativ erlebten Erfahrungen und schmerzenden Emotionen zu schützen.

Dadurch werden das Problem oder die Krankheit aber nicht gelöst, sondern suchen sich immer neue Wege, um uns aufzufordern die Wurzel zu suchen.

Regel Nummer sieben:

„Gib nicht auf, bis Du Dich mit dem erreichten wohlfühlst“

Regel Nummer acht:

„Sei es Dir Wert weiterzumachen, bis sich der gewünschte Zustand in Deinem Leben einstellt“.

Der Weg dorthin kann einfach, holprig, steinig oder bergig sein, aber man kann ihn gehen. Manchmal braucht man eine längere Pause, um weiter gehen zu können, manchmal auch nicht und manchmal, kann eine Pause auch eine unbewusste Flucht sein vor dem, was man verbergen möchte.

Egal wie Du es tust, nimm Dir die Zeit, für Dich selbst.

Es wird eine Wirkung zeigen und ich behaupte, da Du diesen Weg ja gewählt hast, dass es schneller geht, als die Krankheit gebraucht hat in Deinem Körper bzw. in Deinem Leben anzukommen, weil Du diesen Weg nicht „bewusst“ gewählt hast.

Es ist ein Gesetz, eine einfache Formel der Physik, wie wir bereits gesehen haben:

Energie (E)	x	Zeit (t)	=	Produkt
bzw.				
Impulse (p)	x	Weg (s)	=	Produkt

Die Zeit also, bis das Produkt, z.B. eine körperliche Erkrankung, nach der Pyramide der Gesundheit im Körper ankommt, dauert wahrscheinlich Jahre, da Du davon nichts gemerkt hast, es quasi unbewusst geschehen ist und Gefühle verdrängt wurden.

Zum Beispiel ist sie so entstanden:

Glaubenssatz x Jahre	=	körperliche Reaktion

Wenn Du aber nun mit Absicht und sehr „bewusst", eine Wirkung (z.B. Gesundheit und Wohlbefinden) erzielen willst, wird es schneller gehen, je nach Deinem Erkenntnis- oder Bewusstseinszustand.

Wenn Du zum Beispiel einen negativen Glaubenssatz erkannt hast, eine Prägung oder ein Verhaltensmuster, also die Ursachen und deren Auswirkungen kennen gelernt hast, kannst Du bewusst neue Impulse setzen. Dann gilt:

Impuls x Weg	=	Wohlbefinden
Positives Gefühl x Weg	=	Zufriedenheit
Entscheidung x Zeit	=	Erfüllung
Handlung x Weg	=	Erfolg

Zweifel und Unsicherheit wirken jedoch zerstörerisch auf unsere neuen Ziele. Sollten Zweifel und Unsicherheiten vorhanden sein, gilt es; sie zu beseitigen. Wir finden zwei Hinweise; falls sie vorhanden sind:

In unserem Denken: wir wissen genau wann und woran wir zweifeln und

In unserem Gefühl: wir spüren unsere Unsicherheit in Bezug auf eine Sache oder ein Thema.

Wir sind uns also vollkommen bewusst darüber, wann dem so ist. Vorausgesetzt, es wird nichts verdrängt!

Dann sollten wir unsere Ärmel hochkrempeln und uns unsere „neuen'" Wünsche mit all unseren Sinnen bewusst machen. Denn wir sind der Chef in unserem System und wir bestimmen, was wir denken und wie wir unsere Zukunft sehen wollen. Wir können schon heute diese positiven Gefühle in uns erzeugen. Wir müssen es nur stetig und beständig tun. Vor allem dann, wenn uns am wenigsten danach ist und unser Kopf ganz andere Probleme verfolgt.

Wirklichkeit erschaffen durch Lebensumgestaltung

Wie schon erwähnt, besteht unser bisheriges Leben aus Informationen, die wir tagtäglich seit der Schwangerschaft in uns aufgenommen haben.

Wir wurden in ein Familiensystem hineingeboren und haben dort einen Platz und eine Funktion eingenommen.

All dies geschieht unbewusst!

Die über Jahre hinweg aufgenommenen Informationen und Strukturen in denen wir seither leben, führten über kurz oder lang zu Erfahrungen, zu Prägungen, zu Annahmen, zu Beurteilungen, zu Mustern und zu Strategien, die heute in jeder Sekunde vollkommen routiniert ablaufen. Tag für Tag, in bestimmten Situationen, durch äußere Impulse, von ganz allein!

So entstand unser Verstand, das heißt wir haben uns wie in einem Kokon entwickelt, der aus ganz persönlichen individuellen Erfahrungen und Erlebnissen gewachsen ist.

So sehen und erfahren wir die Welt durch unsere individuelle Brille!

Unser Verstand kennt also „nur" diese persönliche, individuelle Welt, in der er sich wie in einem Kokon entwickelte.

Ich möchte Dir dies an folgenden Schaubildern verdeutlichen:

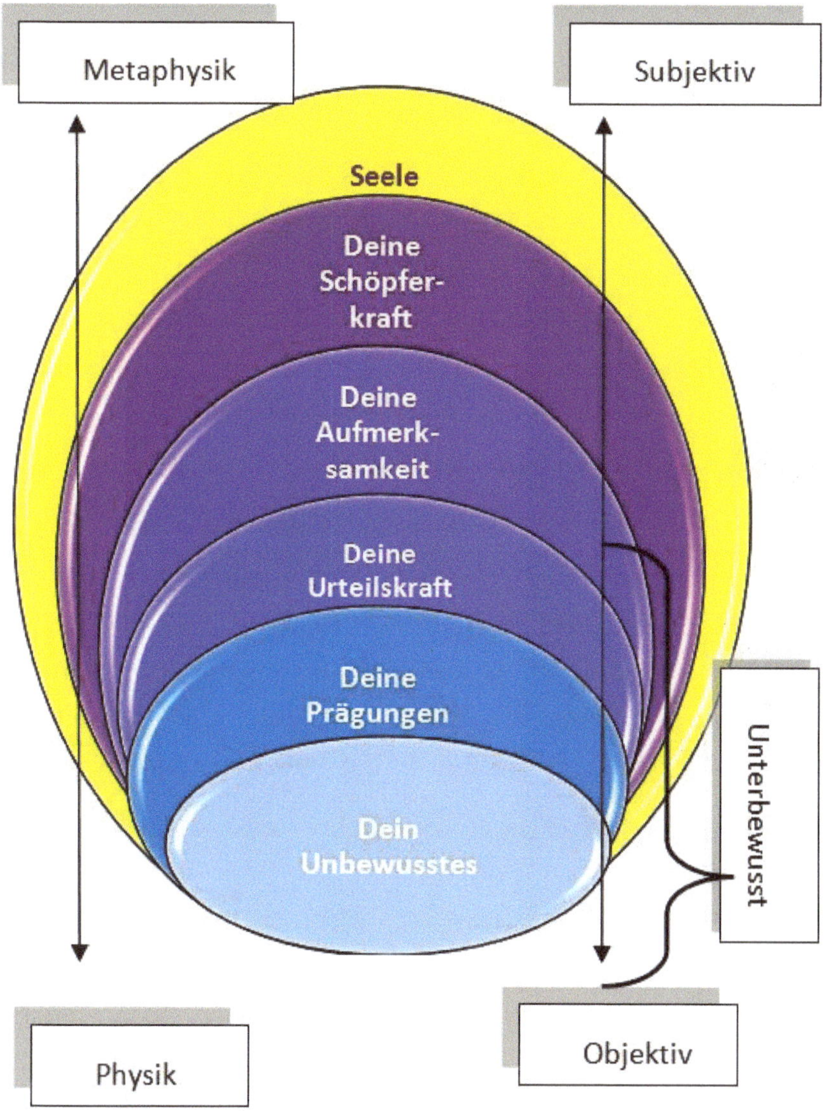

Nun passiert folgendes, unser Urteilsvermögen, also das, wie wir Dinge, Ereignisse oder Situationen beurteilen oder gar verurteilen, führt zu Prägungen und zur Stärkung vorhandener Prägungen. Zu Erfahrungen und zur Stärkung bereits vorhandener Erfahrungen. Zu Handlungen und zur Wiederholung von bereits durchgeführter Handlungen. So fließen sie immer wieder in unser Unterbewusstsein, wo sie einst zu unseren Überzeugungen und Mustern geführt haben. Da wir unsere Handlungen von unserem Urteilsvermögen ableiten, indem wir Vergleiche zu bereits vorhanden Erfahrungen ziehen, bleiben unser Denken und unserer Handlungen immer gleich oder sehr ähnlich. So stärken und Verstärken sie sich immer wieder gegenseitig und geben unseren Überzeugungen und Mustern neue Kraft. Das alles hat sich unbewusst automatisiert. So, wie wir beim Autofahren auch, automatisiert Kuppeln, schalten, und bremsen ohne vorher groß darüber nachzudenken, warum wir das tun müssen oder ob wir das tun müssen. Es ist zu einem Reflex geworden.

Folgendes ist geschehen und geschieht immer wieder:

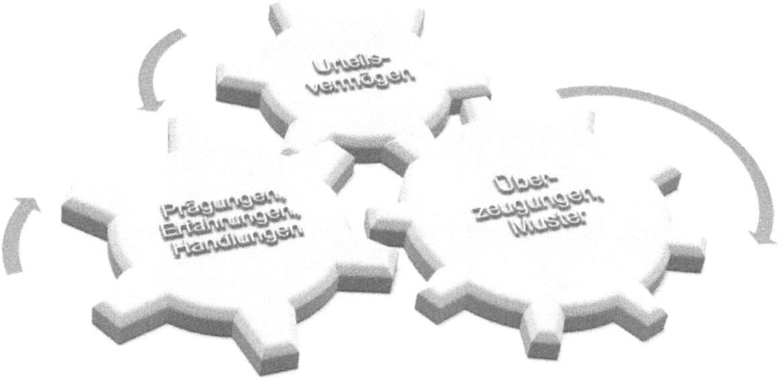

Wir bewegen uns in einem Kreislauf, der wie ein Uhrwerk funktioniert. Innerhalb dieser Verzahnung geschieht Folgendes: Wir beurteilen oder verurteilen die Dinge und Umstände mit unserem Verstand. So entstehen Prägungen, Erfahrungen und Muster, die sich im Unterbewusstsein manifestieren und so zu mentalen und emotionalen Überzeugungen führen.

Auf diese unbewusste Art und Weise haben wir uns unseren ganz persönlichen Kokon erschaffen, der so lange erhalten bleibt, bis wir bewusst eingreifen und etwas verändern.

Unsere eigene Wirklichkeit sieht also so aus:

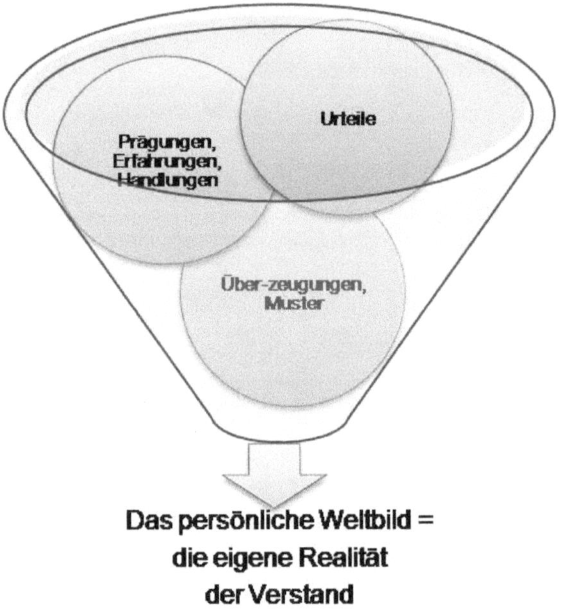

Es scheint etwas schwierig zu sein, unserer Aufmerksamkeit neue Impulse zu geben. Wir müssen quasi vollkommen bewusst und beabsichtigt lernen, darauf zu achten, welchen Dingen wir Aufmerksamkeit schenken und worauf unsere Gedanken eigentlich ausgerichtet sind. Denn unsere vorhandene Schöpfungskraft liefert uns immer wieder das, was unserem persönlichen Weltbild entspricht. Denn das, worauf wir unsere Aufmerksamkeit richten, erschafft die individuell erlebte Wirklichkeit, in der wir uns befinden. Unsere Aufmerksamkeit ist die Saat, mit der wir ununterbrochen am aussähen sind und genau das ernten wir in unserem Leben.

Wir, das heißt, unsere Seele strebt jedoch nach Selbstverwirklichung!

Möchtest Du nicht auch Deine Gedanken viel lieber auf das ausrichten, was Du aus ganzen Herzen in Deine Wirklichkeit ziehen willst? Dann solltest Du lernen, Deine Gedanken zu kontrollieren, versuchen zu erfühlen und Deine Handlungen darauf auszurichten.

Viele Menschen bekommen bereits an dieser Stelle von ihrem Verstand eine Hürde errichtet.

Viele haben schon lange nur auf ihren Verstand gehört und ihre Gefühle ignoriert oder verdrängt. Die Intuition wurde als Duselei abgetan und durch verstandesmäßiges Handeln abgewehrt. Die innerste Stimme, das innerste Gefühl, welche sich zart hervorheben wollen, dringen nicht mehr durch.

Engelchen und Teufelchen unterhalten sich prächtig. Zudem wird alles nur mit dem Verstand abgewogen, der sich in einem kleinen persönlichen Rahmen, für den man nichts kann, entwickelt hat.

Auch sind viele Menschen einfach bequem geworden. Von ihnen hört man sehr schnell: „Das ist halt so, daran kann ich nichts ändern".

Eine solche Grundhaltung hindert diese Menschen aber daran, sich wirklich besser zu fühlen oder wirklich etwas zu verändern.

Sie befinden sich in dem Kreislauf, in dem sich Situationen und Erfahrungen immer wieder in ähnlicher oder der gleichen Weise wiederholen.

Vielleicht stellt sich der ein oder andere die Frage: „Warum ist das bei mir so?", „Warum immer ich?".

Es ist nur der Kokon ihres persönlichen Weltbildes, aber es ist nicht die Welt.

Ihre Seele, ihr Selbst, ihr Inneres will etwas anderes haben. Ihr Verstand, ihr Unterbewusstsein, ihre Prägungen, ihre Muster und ihre tief verankerten Glaubenssätze, die immer und immer wieder hervorbrechen und automatisch ablaufen, wenn sie im Außen angestoßen werden, hindern sie letztlich daran, etwas Anderes zu bekommen.

Selbst wenn sie bei Eltern aufgewachsen sind, mit denen sie nicht die besten Erfahrungen gemacht haben, sind sie zwar dadurch geprägt worden, sie sind aber nicht ihre Eltern und sie müssen nicht daran festhalten.

Wir sind und bleiben eigenständige Wesen, die sich verwirklichen können.

Wir können unzufrieden, traurig, krank oder unglücklich geworden sein. Können uns auch immer wieder einen neuen Job, einen anderen Partner, einen neuen Freundeskreis, eine neue Wohnung und eine andere Stadt suchen, in der wir leben möchten. Egal was wir tun oder nicht tun: unseren individuellen Kokon nehmen wir überall mit hin. So wie alle Menschen auf der Welt. Wir können ihn nicht ablegen oder abschütteln. Wir können ihn aber erweitern, vergrößern und durchlässiger werden lassen. Uns also immer mehr in kleinen oder großen Schritten selbst verwirklichen.

Ab einem gewissen Alter sind wir dazu auch in der Lage!

Ich glaube auch nicht, dass es Eltern gibt, die alles „richtig“ machen. Selbst wenn ein Kind alles bekommen hat, die beste Erziehung genossen hat, immer liebevoll umsorgt wurde, bedeutet es noch lange nicht, dass es deswegen auch „glücklich“ werden muss.

Vielleicht fühlt es sich eines Tages sogar übertrieben bemuttert, erdrückt oder unselbstständig.

Vielleicht wird es später von der ständigen Fürsorge total genervt sein. Vielleicht fühlt es sich zu sehr verantwortlich für das Wohlergehen der Eltern. Vielleicht macht es außerhalb der Familie die Erfahrung des verwöhnten und verzogenen Kindes, hat Neider und wird eingeschüchtert, weil es hier draußen ganz andere Erfahrungen macht und später könnte das Kind es den Eltern eventuell sogar ankreiden, es überbehütet aufgezogen zu haben.

Auch hier zeigt sich der Drang der Seele nach Selbstverwirklichung! Es gibt kein100% richtig!

Die Eltern können zwar denken, dass dem so ist, das bedeutet aber nicht, dass das Kind es später einmal genauso sieht oder sehen muss! Jeder von uns ist und bleibt trotz allem ein eigenständiges Wesen.

Wir können also krank werden, wenn etwas nicht im Einklang mit unserem wahren Selbst steht.

Diese Krankheit, ob sie nur eine Unzufriedenheit ist oder ein leerer Geldbeutel, will nichts Böses, es ist unsere innere Absicht, unser Weg, der uns auffordert hinzuschauen, in unsere Tiefen, in unsere Gefühle, wach zu werden und in uns selbst aufzuräumen.

Eine körperliche Erkrankung ist das Endstadium, dem viele Gefühle, Gedanken und Prägungen vorausgegangen sind.

Ich will an dieser Stelle nicht behaupten, dass wir allen Krankheiten entgehen können, aber sie haben alle einen Grund. Das Ziel ist immer dasselbe, den Weg zu sich selbst zu gehen, auch wenn eine Krankheit oder Erkrankung einfach der Weg ist, den manche Menschen gehen müssen.

Das werden wir wohl erst dann wirklich verstehen, wenn wir diese Erde verlassen haben.

Ich möchte Dich auffordern und ermuntern, den Weg „Gesund sein“ durch „Bewusst sein“ zu wählen und zwar schon dann, wenn Du Dich unwohl fühlst, egal ob körperlich oder seelisch.

Dann schon, wenn Du unzufrieden oder unglücklich bist, mit Dir selbst, mit Deiner Situation oder mit anderen äußeren Umständen.

Ich möchte Dich ermuntern, nicht aufzugeben daran zu glauben, dass Dein Leben, Deine Lebensumstände besser werden können, dass Du Gesundheit erreichen kannst, dass Du akzeptieren kannst, dass Du erkennen kannst und Dich selbst verwirklichen kannst.

Du musst Dich jedoch dazu bewegen und vor allem bereit sein, in Dein inneres Wesen einzutauchen.

Wenn Du erkennen kannst, was Deine Muster, Deine Prägungen, Deine Glaubenssätze und Deine Gedanken sind, vor allem aber, warum sie sind und woher sie kommen, wenn Du wirklich weißt, worauf Du Deine Aufmerksamkeit und in welcher Art Du Deine Aufmerksamkeit auf etwas richtest, wenn Du fühlen kannst, was Du eigentlich gewollt oder gebraucht hättest, dann kannst Du die Dinge heute ändern. Wenn Du Deine Muster und Prägungen, Deine Gedanken, Gefühle und Glaubenssätze aufbrichst, auflöst und Dich davon befreist, dann bist Du der Schöpfer Deines Lebens. Und das Wichtigste dabei ist: Du hast es in der Hand! Mehr als Du es Dir heute vielleicht vorstellen kannst.

Du musst Dir der Dinge nur noch „bewusst" werden.

Wir sind mehr als Fleisch und Blut, wir sind Seelen, die in einem Körper wohnen, um sich selbst zu erfahren.

Wir wollen erfahren, wie sich Liebe, Hass, Schmerz, Freude, Lachen, Trauer anfühlen, was in der reinen Energieform als Seele nicht möglich ist. Wir sind ein Teil der Schöpfung und erschaffen uns, durch unsere innere Haltung, unsere Realität selbst.

Nimm die Gestaltung Deiner Realität in die Hand, lass Dich nicht länger von den „äußeren" Umständen steuern. Tu es!

Regel Nummer neun:

„Gib niemals auf, aber höre auf zu kämpfen mit Dir selbst und mit anderen, schaue nach innen"

Vorsicht vor oberflächlicher Innenschau!

Es ist wichtig zu wissen, dass es um das Thema hinter dem Thema geht! Meist ist unser „Problem" gar nicht unser echtes Problem, sondern es stellt sich nur in der Realität so dar. Es wird von unserem Verstand als solches erörtert, aber ein Problem, egal welcher Art, ist letztlich immer das Ergebnis unserer Muster und Prägungen, unserer Gefühle und Glaubenssätze! Das heißt, in Wirklichkeit geht es bei Deinem Problem um etwas anderes.

Lass Dich dabei nicht von Deinem Verstand in die Irre führen. Dein Verstand gemeinsam mit Deinem Ego ist darauf besonders spezialisiert, den Deckel darauf zu halten, um Dich zu schützen vor Deiner inneren Wahrheit oder Deinem Schmerz. Du musst lernen, auf Dein Herz, Dein Bauchgefühl zu achten. Manchmal hat es sich gut verborgen, aber es ist da und Du kannst es finden.

Es geht einfacher, wenn Du Dir hierfür Unterstützung suchst, denn man macht sich zu schnell etwas vor, selbst wenn man Jahre darin trainiert ist, lassen Verstand und Ego nicht locker, um einen Sieg davonzutragen. Ich will jetzt den Verstand nicht schlecht reden, denn wir brauchen ihn ja für viele Dinge. Aber eben nicht für alles. Manchmal ist er auch einfach nur ein penetranter „Schwätzer".

Regel Nummer zehn:

„Fang heute damit an, Dein Leben bewusst zu leben"

- Achte darauf, was Du tust und WARUM Du es tust!
- Was Du denkst und WARUM Du es denkst!
- Was Du fühlst und WARUM Du so fühlst!
- Was Du (aus)wählst und WARUM Du es (aus)wählst!
- Was Dich verzweifelt macht und WARUM es Dich verzweifeln lässt!
- Was Dich traurig macht und WARUM es Dich traurig macht!
- Was Dich wütend macht und WARUM Dich das wütend macht!
- Was Du Dir wünschst und WARUM Du es Dir wünschst!
- Was Du entscheidest und WARUM Du so entschieden hast!

Schau in Dich selbst, nicht im Außen oder bei anderen Personen. Bleibe bei Dir und trainiere diese Fähigkeiten an Dir selbst, es wird Dir mit entsprechender Übung im Laufe der Zeit immer leichter fallen. Suche Dir jemanden, der Dir dabei hilft, denn man steht sich oft gerne selbst im Weg. Es ist ein immerwährender Prozess, sich selbst zu verwirklichen!

Die Frage nach dem WARUM kann wichtige Hinweise dahingehend liefern, welches Gefühlt dahinter versteckt ist und hilft Dir dabei zu erkennen, was das mit Dir zu tun hat.

Vor seinen Problemen wegzulaufen, sie zu ignorieren, sie zu verdrängen, sie einfach zu lassen wie sie sind und auszuhalten, ist nicht der einfachste Weg, wie viele behaupten, sondern der schwerste. Denn Du quälst Dich ja weiter damit herum.

Hinter jedem Problem steckt eine wunderbare Auflösung dessen, was Du nicht mehr länger willst.

Wie schon erwähnt, wird das, worauf Du Deine Aufmerksamkeit richtest, wachsen.

Wenn Du Deine Aufmerksamkeit auf Dein Problem richtest, wird es wachsen, bis Du nichts anderes mehr sehen kannst.

Du hast dann sozusagen ein eingeschränktes Blickfeld und kannst nicht über den Tellerrand hinaus schauen, denn Deine gesamten Kapazitäten haften an dem Problem fest. Energie folgt der Aufmerksamkeit. „Energy follows Attention".

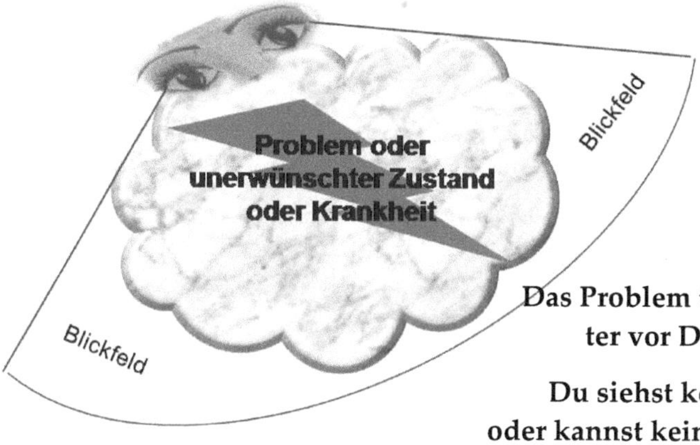

Das Problem trägst Du weiter vor Dir her!

Du siehst keine Lösung oder kannst keine annehmen.

Es wird immer wieder und wieder in Deinen Gedanken und Gefühlen auftauchen.

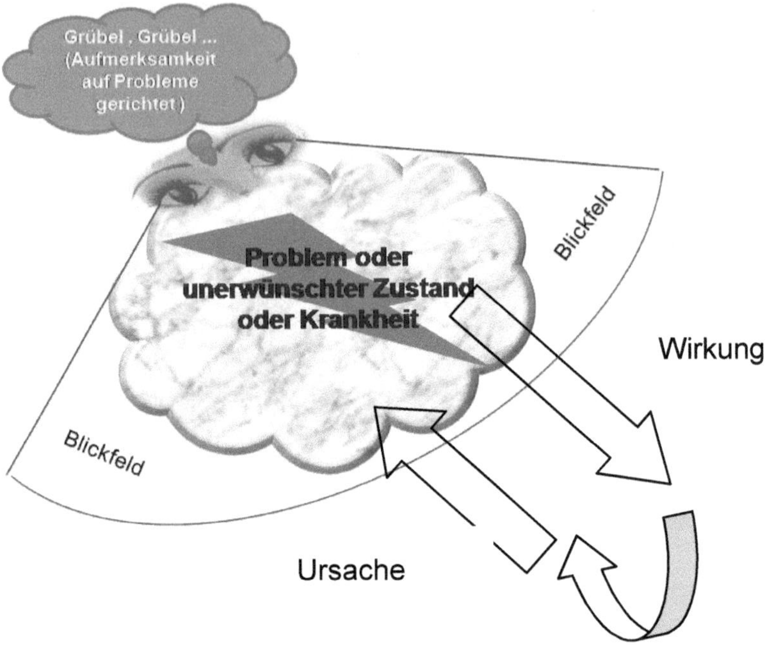

Das Problem, mit dem Du Dich beschäftigst, erzeugt ein eingeschränktes Blickfeld, welches allein auf das Problem ausgerichtet ist. So kannst du die Ursache hierfür nicht bewusst erkennen.

Die Wirkung, die ein solcher Zustand im Außen erzeugt, spiegelt Dein Inneres wieder. Indem Du Deine Aufmerksamkeit auf das richtest, was im Umfeld geschieht, kannst Du die Ursache für das Problem nicht finden.

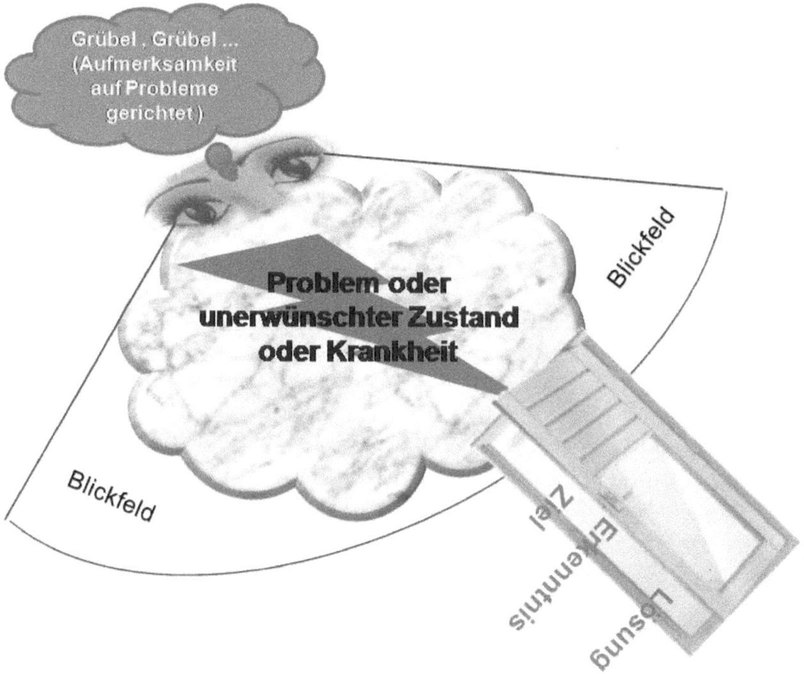

Die Tür zur Lösung, zur Erkenntnis und zum Ziel bleibt Dir verschlossen.

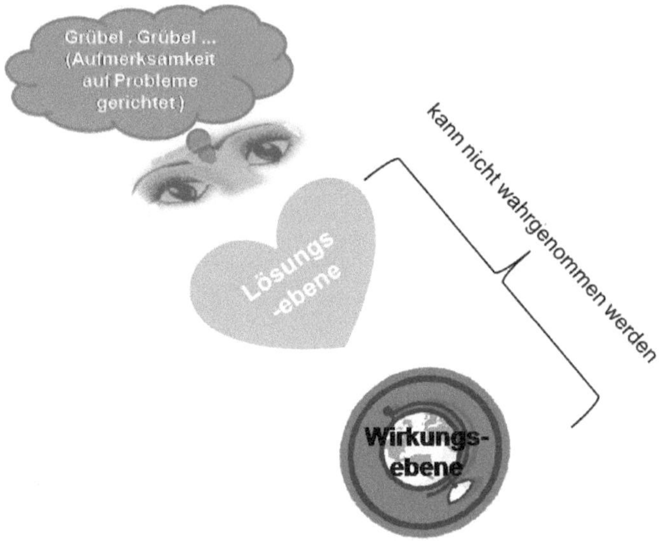

Du musst also erst einmal weg vom Verstand, die Aufmerksamkeit nach innen richten, Deine Gefühle finden, um eine Veränderung, die Du wirklich willst, auch herbeiführen zu können.

Im Außen stellt es sich dann folgendermaßen dar:

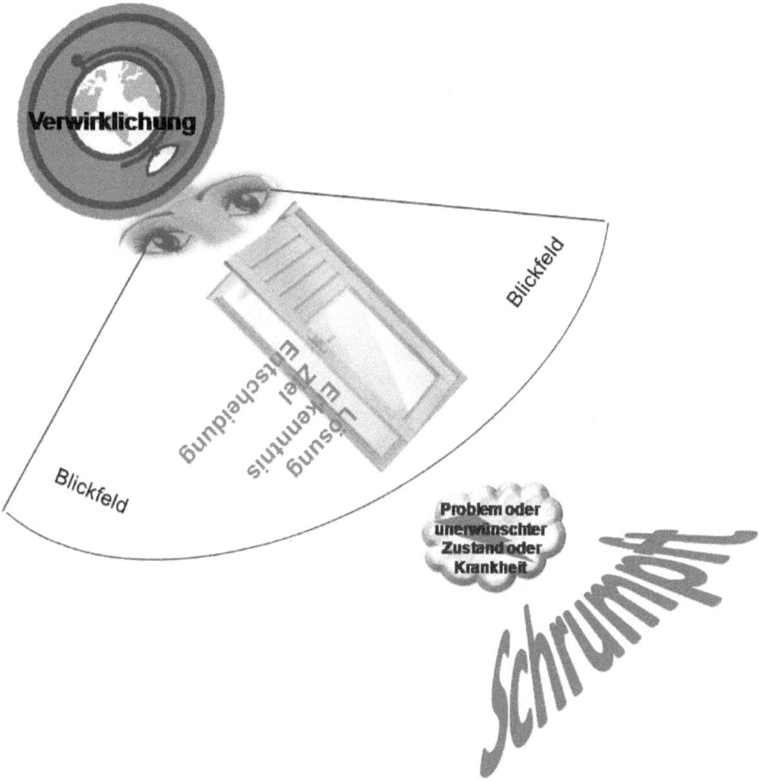

Deine Aufmerksamkeit wird einen neuen Fokus bekommen und wachsen und Dein Problem kannst Du nicht mehr sehen. Es wird kleiner!

Wissen ist nicht gleich glauben

Es liegen zahlreiche Fakten und Beweise vor, die belegen, dass es, nennen wir sie an dieser Stelle einfach außergewöhnliche Phänomene gibt und dass außergewöhnliche Phänomene möglich sind. Das es Spontanheilungen und andere Wunder gibt. Nur glaubt man es für sich persönlich nicht! Vielleicht hegt der ein oder andere die Hoffnung oder den Wunsch danach! Aber, weder die Hoffnung noch der Wunsch allein bewirken etwas in diese Richtung. Weil eine Hoffnung immer eine Hoffnung und ein Wunsch immer ein Wunsch bleiben.

Meistens denkt man doch, wenn einem etwas Negatives wiederfährt, „warum immer ich" oder "immer passiert mir so etwas". Man schließt für sich selbst positive Ereignisse aus. Hat ein anderer etwas Positives erlebt, denkt man „so ein Glückspilz" oder „ach könnte es mich nicht auch einmal so glücklich treffen". Um solche positiven Glücksmomente, welcher Art auch immer, selbst zu erleben, benötigen die meisten Menschen erst einmal den Beweis dafür, dass es so etwas wirklich gibt. Es fehlt das eigene Erleben einer solch positiven Erfahrung, und solange sie nicht eintrifft, schließt man sich selbst davon aus. Hier haben wir es wieder mit dem Kreislauf zu tun, der unterbrochen werden muss.

Ich möchte an dieser Stelle trotzdem Beweise für energetische Zusammenhänge anführen, auch wenn Du sie nicht selbst erlebt hast. Das, was wir an vorhandenen Beweisen nicht selbst erlebt und erfahren haben, können wir nur schwer glauben. Sie existieren in einem Text, einem Stück Papier, einem Fernsehbeitrag, einer Dokumentation. Nichts was selbst erlebt und erfahren wurde oder persönlich auf einen Menschen eingewirkt hat. Es gibt vielleicht einen Aha-Effekt, aber dennoch bist Du persönlich nicht davon betroffen.

Doch wenn man es genau nimmt, bist Du es sehr wohl, denn jeder von uns ist mit allem auf irgendeine Weise verbunden, auch wenn es für die meisten nicht spürbar/erlebbar geworden ist.

Ich versuche zwar auch, meine Beiträge zu erklären, indem ich mich auf wissenschaftliche Erkenntnisse, und auf die Zusammenhänge berufe, aber ich tue es gerade deshalb, um sie so deutlich und real wie es mir derzeit möglich ist, erscheinen zu lassen.

Die meisten Menschen betrachten wissenschaftliche Erkenntnisse als etwas, was außerhalb ihres Erfahrungshorizontes liegt, es ist für sie nicht wirklich „real". Das bedeutet, man kann noch so viel Wissen über die Zusammenhänge und Funktionsweisen des Lebens zusammentragen, meist wird es erst aus der eigenen Lebenserfahrung heraus angenommen und verinnerlicht. Erst dann betrachtet man eine Erkenntnis nicht länger als etwas, was außerhalb, sondern innerhalb der eigenen Person stattfindet.

Wir brauchen dabei nur an die schon lange obsolet gewordenen Atombombenversuche zu denken. Obwohl deren

Auswirkungen schon seit langer Zeit bekannt sind, werden sie in einigen Ländern immer noch durchgeführt. Weil diesen das eigene Erleben fehlt, riskieren sie globale Auswirkungen, so als ob ihnen alleine die Welt gehöre.

> *„Wenn wir uns selbst, unser Bewusstsein verstehen, dann verstehen wir auch das Universum und die Getrenntheit verschwindet."*
> Amit Goswami

Was Du letztendlich mit solchen Information in Form von wissenschaftlichen Erkenntnissen und Beweisen machst, entscheidest Du selbst. Ich möchte einfach bestmöglich aufklären und ein wenig Klarheit darüber herstellen, wie Krankheit und Gesundheit in allen unseren Lebensbereichen funktionieren. Warum manche Anwendungen und Methoden, egal aus welcher Richtung sie kommen, erfolgreich sind oder warum sie erfolglos bleiben.

Wie gesagt, es geht darum, selbst zu erfahren, bzw. resonanzfähig zu werden, diese außergewöhnlichen und dennoch natürlichen Phänomene selbst zu erleben.

Das ist aber nur möglich, wenn Du dafür etwas tust.

Es gibt viele grandiose Ereignisse und Erkenntnisse! Viele werden einerseits gefeiert und andererseits wird auf viele der Deckel des Verbergens gehalten. Je nachdem welche Interessengruppe davon profitiert oder geschädigt werden kann.

Es ist kaum zu glauben, aber es wurden tatsächlich pharmazeutische Produkte entwickelt, die niemand auf den Markt bringen will, weil sie tatsächlich den Menschen heilen könnten.

Wie viel Geld gibst Du jährlich für Medikamente aus?

Wie viel ist eigentlich Gesundheit und Wohlbefinden in Zahlen ausgedrückt wert?

Vor allem stellt sich die Frage dann, wenn die Aussicht besteht, dass Dein Leiden verschwindet.

Zu schnell wird oft gesagt: „Wenn ich doch bloß gesund wäre, was würde ich dafür alles geben" und dann, wenn tatsächlich die Chance besteht, wird nichts mehr darum gegeben. Dann dreht man den Euro gleich zweimal um und der Verstand diskutiert das Pro und das Contra. Entscheidend ist aber das, was wir aus unserem innersten Gefühl heraus wirklich wollen.

Was aber wäre, wenn wir das alles gar nicht bräuchten?

Wenn alle Erkenntnisse Publik gemacht würden? Wie würden dann die notorischen Lobbys dastehen und reagieren?

Bitte bedenke:

Ohne Deine Mithilfe zu Deiner eigenen Veränderung bewusst oder unbewusst, könnte keiner etwas zu Deiner Veränderung beitragen. Wenn Du bewusst oder unbewusst dagegen arbeitest, bleibt alles wie es ist oder es wird noch schlimmer!

Bruce Lipton ist Zellbiologe und wurde mit dem amerikanischen Buchpreis in der Kategorie Naturwissenschaften ausgezeichnet. Er sagte:

„Bring eine Körperzelle in ein gesundes Umfeld und sie wird gesund werden. Bring eine Körperzelle in ein krankes Umfeld und sie wird krank werden".

Wie Anton Zeilinger schon sagte, geht es um Informationen, um Informationen, die aus unserem Umfeld, aus uns selbst kommen.

Vor kurzem lernten wir im Biologie-Unterricht noch, dass Gene unseren Körper kontrollieren. Dass dem nicht so ist, wurde von einem Team um Bruce Lipton herausgefunden. Eine DNS bestimmt nicht aus sich selbst heraus, was sie tut. Die DNS wird von Regulator Proteinen gesteuert, die sich nach den Signalen aus der Umwelt richten, gemäß der individuellen persönlichen Interpretation des Menschen.

Das bedeutet, so wie wir die Dinge, Umstände, Situationen und Erfahrungen interpretieren, so reagieren dann die Regulator Proteine und steuern die DNS, schließlich reagiert dann die ganze Körperchemie darauf.

Beachte bitte, was das wirklich bedeutet:

„Unsere Wahrnehmung kontrolliert unsere Biologie"!

Lipton legt sogar noch eins drauf, indem er behauptet, dass unsere Wahrnehmung unseren Gen Code neu schreiben könnte!

Wir sind, wie schon des Öfteren erwähnt, keine Opfer unserer Krankheiten, Gefühle, Situationen und äußeren Umstände, sondern wir sind deren Verursacher. Wir sind die Schöpfer und Erschaffer unserer Realität!

Das Problem ist nur, dass viele Menschen ein solches Verständnis, wenn überhaupt, nur in Armeisenschritten glauben, annehmen und umsetzen können.

Regel Nummer elf:

„ Niemand heilt Dich und Deine Lebensumstände, außer Du selbst"

Obwohl längst widerlegt, wird heute immer noch beharrlich unterrichtet, dass die DNS bei der Vererbung die Hauptrolle spiele. Die Wissenschaft glaubte lange daran, mit der Entschlüsselung der DNS, das Geheimnis des Menschen zu lüften. Sie begann in den späten 1980er Jahren mit dem „Human Genom-Projekt", das alle menschlichen Gene katalogisieren sollte. In voller Überzeugung, dadurch Erb- und andere Krankheiten besiegen zu können. Doch statt der erwarteten 120.000 Gene, fanden sie nur 25.000 Gene. Nicht viel mehr als ein primitiver Fadenwurm vorzuweisen hat.

Das war ein Schock, vor allem für die Pharmaindustrie. Bruce Lipton sagte dazu:

„Es gibt einfach nicht genügend Gene, um mit ihnen die Komplexität des menschlichen Lebens oder der menschlichen Krankheiten zu erklären".[12]

Immer mehr Quantenphysiker bringen nun die Beweise dazu, was schon viele Urvölker, Propheten und spirituelle Traditionen lange zuvor gewusst haben. Es gibt ein unsichtbares Energiefeld, über das wir mit allem verbunden sind und über dieses Energiefeld kann kommuniziert werden.

Experimente hierzu wurden von Dr. Vladimir Poponin und Dr. Peter Gariaev durchgeführt.[13] Des Weiteren gab es Experimente die im Auftrag der US. Army durchgeführt wurden, sowie welche, die im Auftrag des Hearth-Math-Institutes durchgeführt wurden.

Die einzelnen Experimente werden hier nicht näher erläutert, denn es geht hier hauptsächlich um die Ergebnisse dieser Experimente. Sie belegen eindeutig, dass es:

- eine Energie geben muss, die bislang noch nicht bekannt ist und sich überall befindet;
- dass durch diese Energie, Zellen und DNS Materie beeinflusst werden kann;

---

[12] (vgl. http://www.zeitschriften.com; Artikel: Nicht Gene prägen (...) die Gene; von Benjamin Seiler)

[13] Vladimir Poponin ist Quantenphysiker und bezieht sich auf die Arbeiten von Peter Gariaev, der in verschiedenen Veröffentlichungen als russischer Biologe, Molekularbiologe oder Biophysiker und "Professor" bezeichnet wird.

- dass die Zellen und die DNS über dieses Energiefeld kommunizieren können;
- dass dabei die Entfernung keine Rolle spielt und
- dass menschliche Gefühle eine direkte Auswirkung auf unsere DNS haben!

Wir haben also nun den Beweis, dass Heilung über ein Energiefeld möglich ist, dass jeder von uns mit allem was existiert verbunden ist. Mit allem Wissen, mit allen Menschen und Lebewesen auf dieser Welt. Wir wissen nun, dass Gedankenübertragung nicht mehr ausgeschlossen werden kann und dass wir selbst Materie erschaffen können. Wir haben also den wissenschaftlichen Beweis in der Hand, nun geht es darum, zu lernen, damit auch sinnvoll und bewusst umzugehen.

Dabei ist es **wichtig** zu bedenken, dass dieses Energiefeld über Gefühle kommuniziert und reagiert. Vor allem aber, dass wir lernen, uns nicht als isoliert davon zu betrachten, sondern als ein Teil davon, denn genau das sind wir. Es geht also ab jetzt darum, es auch wirklich zu erleben, damit es leichter wird, das neue Wissen anzuwenden.

Die Selbstheilung ist uns in die Wiege gelegt worden, sie wurde jedoch im Laufe der Zeit von erlernten Glaubenssätzen, Mustern und Prägungen, überschrieben. Es sind unsere individuellen „Programmierungen“, die unsere natürlichen Instinkte und Fähigkeiten unterdrückt haben.

Es geht darum, unsere Instinkte und Fähigkeiten wieder keimen und wachsen zu lassen und dabei ist persönlicher

Einsatz gefragt, dem Drang der Seele nach Selbstverwirklichung nachzugeben und zu folgen.

Der Weg lohnt sich, denn Du kannst Deine Realität in Form von Gesundheit erschaffen, egal um welche Form der Gesundheit es dabei gehen mag:

- Gesundheit in Beziehungen,
- Gesundheit in finanziellen Angelegenheiten,
- Gesundheit im beruflichen Umfeld,
- Gesundheit eines Unternehmens,
- Gesundheit des Familiensystems,
- Spirituelle Gesundheit,
- Gesundheit der Emotionen,
- Gesundheit der Psyche und des Körpers,
- Seelische Gesundheit.

Damit Du Dich noch besser und erfolgreicher in dem riesigen Angebot der Gesundheits- und Wellnessbranche bewegen kannst, werden auf den nachfolgenden Seiten solche Methoden und Anwendungen in Funktion und Wirkungsebene näher beschrieben, welche in einem besonderen Zusammenhang mit dem Anliegen dieses Buches stehen.

Wenn Du es zulassen kannst, werden die energetische Arbeit und die Arbeit mit Gefühlen sehr effektiv und heilsam sein. Du musst es Dir nicht nur erlauben, sondern vor allem: „Du musst es tun!" Deine innere Einstellung, bewusst oder unbewusst, ist letztendlich ausschlaggebend.

Anhang: Methoden und Ihre Wirkungseben

Energiearbeit

Handauflegen, Energieübertragung, Prana Behandlung, Reiki, Fernbehandlung, Energiefeldarbeit werden hier unter dem Begriff **Energiearbeit** zusammengefasst.

Denn bei all diesen Methoden geht es immer wieder um die universelle und alles umfassende durchdringende Energie. Um die Energie, von der wir ein Teil sind und die wir bewusst nutzen können. Nun liegt zudem noch der Beweis Ihrer Wirksamkeit auf der Hand.

Bei dieser Arbeit kommt es sehr stark auf den Praktizierenden an. Nicht der energetisch Praktizierende „heilt", sondern der Behandelte heilt sich selbst.

Der Praktizierende überträgt lediglich „bewusst" die Energie, aus der wir alle sind und zu der wir alle gehören, um die Selbstheilungskräfte im Menschen anzukurbeln.

Leider wird heute viel Unsinn mit dieser Arbeit betrieben. So gibt es immer mehr Linien, Abzweige und Änderungen vom eigentlichen Ursprung. Jede abgeänderte Variante **behauptet von sich, die Beste, die effektivste von allen** zu sein. Dabei geht es hier weder um Herkunft, noch um Linien usw., sondern darum, wie der Praktizierende mit seiner Arbeit umgeht. Der Praktizierende sollte Dir als erstes auf Augenhöhe begegnen und nicht von oben herab.

Ein Beispiel: Bei der Reiki Ausbildung ist es so, dass hier der lernende der Methode *Einweihungen* erhält, die seinen

Kanal zur universellen Energie „öffnen", sowie die Hand Chakren, als Übertragungsmedium geöffnet werden.

Obwohl jeder Beliebige eine Brücke oder ein Energiekanal sein kann, ohne eine solche Einweihung. Denn jeder Mensch gehört von Geburt an dieser Energie und Kraft an.

Selbst die Reiki Geschichte geht davon aus, dass jeder diese Fähigkeit in die Wiege gelegt bekommen hat, die ähnlich einem untrainierten Muskel, nicht aktiviert ist. Hier widerspricht die Überlieferung der Reiki Geschichte der Reiki Ausbildung. Denn für diese Aktivierung bedarf es keiner „Einweihung" sondern lediglich der persönlichen „Bewusstwerdung" und Übung, also Fitnesstraining für den untrainierten Muskel.

Bei der Ausbildung vieler anderer Techniken, wie z.B. die der Prana Heilung, geht es darum, dass sich der Lernende genau darüber bewusst wird und er diese Fähigkeiten trainiert.

Jeder Mensch hält sich die Hand auf die Stelle, an der er sich gestoßen hat.

Energieübertragung ist eine wundervolle Sache, wenn der Praktizierende den Hilfesuchenden nicht in eine Abhängigkeit bringt, sondern dessen persönliche Entwicklung fördert.

Energiearbeit wirkt von der 2. Ebene aus bis auf die 1. Ebene. Kritisch kann die Energiearbeit sein, wenn sie von der 3. Ebene ausgeht. Da hier im direkten Kontakt mit deinen Gedanken gearbeitet wird, sollte tieferes Vertrauen in den Praktizierenden vorhanden sein. Denn dies kann zu ungewollten Beeinflussungen führen.

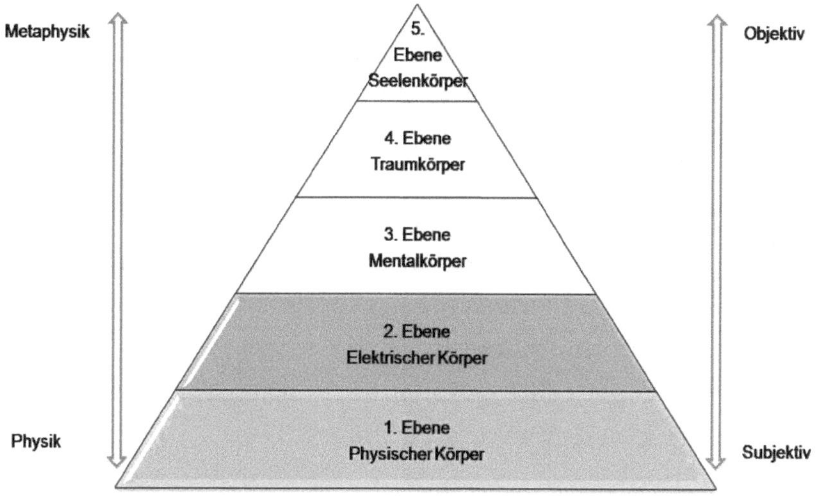

Die Energieübertragung im mentalen Körper, sollte daher nur mit Deiner ausdrücklichen Erlaubnis geschehen.

Ich empfehle eine mentale Arbeit (z.B. Arbeit an unbewussten Gedankenmustern), die jeder bewusst miterleben und steuern kann. Wenn auf dieser Ebene mit Energieübertragung gearbeitet wird, dann sollte es für Dich transparent, nachvollziehbar und erwünscht sein.

Bei all dem gilt:

Konzentriere und fokussiere Deine ganze Aufmerksamkeit, auf das Gefühl und den Zustand den Du erreichen willst. Du unterstützt damit jegliche Energiearbeit, gehe davon aus, dass es bereits erreicht ist.

Systemische Aufstellungsarbeit

Systemische Aufstellungen umfassen:

- Familienaufstellung nach Hellinger[14]
- Familienaufstellungen mit anderen Einflüssen,
- Organisationsaufstellungen
- Integrale Aufstellungen, Chakren Aufstellungen,
- Aufstellung eines ausgeblendeten Themas,
- Symptomaufstellungen
- Teamaufstellungen, Unternehmensaufstellungen
- Entscheidungsaufstellungen

Da allem ein energetisches Muster zugrunde liegt, beziehungsweise alles mit allem durch ein energetisches Netz oder

---

[14] Bert Hellinger; * 16. Dezember 1925 in Leimen) ist ein deutscher Theologe und Buchautor, der als Familientherapeut tätig war. 1952 zum Priester geweiht, war er viele Jahre lang Leiter einer südafrikanischen Missionsschule. Seit den späten 1970er Jahren entwickelte er, unter Abwandlung von Methoden der systemischen Familientherapie, mit seiner Form der Familienaufstellung eine von ihm selbst als „Lebenshilfemethode" bezeichnete Gruppenarbeit, die den Grundstein für die heute angewandten Systemaufstellungen u.a. Aufstellungsarbeiten liefert.

eine energetische Form verbunden ist, werden auf diesem Weg auch Informationen ausgetauscht. Das ist der Grund, weshalb Aufstellungen, wie sie oben angeführt sind, funktionieren. Ich unterscheide in der folgenden Beschreibung unter dem Begriff Familienaufstellung und Strukturaufstellungen (die alle anderen Aufstellungsformen einschließen).

Bei der Familienaufstellung werden die Familie, die Familienlinie oder einzelne Mitglieder einer Familie aufgestellt.

Aufstellen heißt, die betreffenden ausgewählten Mitglieder der Familie, so in einer festgelegten Umgebung aufzustellen und anzuordnen, wie es für den Aufsteller richtig erscheint. Wichtig dabei ist natürlich, ein Thema oder Anliegen zu haben.

Nun passiert eins und das ist bei allen Aufstellungen gleich: der Aufsteller hat sein ganz individuell empfundenes Familiennetz, die Energie innerhalb der Familie, die Familienverbindungen aufgestellt. Das Feld, das so entstanden ist, wird auch morphoenergetisches Feld genannt.

Die Repräsentanten, die ausgewählt wurden (ein Repräsentant ist der Stellvertreter einer bestimmten Person aus der Familie oder in einer anderen Struktur der Stellvertreter eines Anliegens oder eines Themas) nehmen nun dieses Energiefeld wahr und zwar über plötzlich auftauchende Gefühle, die nicht ihre eigenen sind. Wie aus den Experimenten hervorgeht, kommuniziert dieses Energiefeld über Gefühle und nun erscheint es auch logisch, das Aufstellungsarbeit nur innerhalb dieser Bedingungen funktioniert.

Bei der Familienaufstellung kann die Gegenwartsfamilie (die aktuelle Familie) oder die Ursprungsfamilie aufgestellt werden. Die Strukturaufstellungen sind aus den Familienaufstellungen entstanden, bzw. davon abgeleitet und auf andere Systeme erweitert worden. Aufstellungen sind vielfach untersucht und wissenschaftlich erprobt worden.

Sie basieren auf der Annahme, dass auch ein nichtlineares dynamisches System einer gewissen Ordnung unterliegen muss.

Bert Hellinger hat Wunderbares geleistet, indem er diese Arbeit hervorgebracht hat. Bis heute wurde sie stetig weiterentwickelt und hat viel von ihrer ursprünglich sehr dogmatischen Form hergegeben.

Die Aufstellungsarbeit lässt sich schwer erklären und ist am besten durch das persönliche Erleben zu begreifen. Hierzu gibt es oft Gelegenheit, denn es werden viele Aufstellungsabende angeboten, bei denen man als Zuschauer oder Repräsentant dabei sein kann und das Schöne dabei ist, man lernt immer etwas daraus und kann für sich persönlich etwas mitnehmen.

Bei der Aufstellungsarbeit geht es immer darum, Hintergründe und unbewusste Zusammenhänge zu erfahren und sie so zu verändern, dass sie den Klienten nicht mehr behindern, sondern fördern.

Es geht auch darum, die natürliche Ordnung, die einem System zugrunde liegt, wieder herzustellen.

Aufstellungen, insbesondere Familienaufstellungen, können tiefgreifende Prozesse auslösen, die letztendlich förderlich für den Klienten sind und eine Veränderung auf hohem Niveau bewirken.

Bei den Strukturaufstellungen sind die Prozesse je nach Thema und Aufstellungsanlass sachlicher, z.B. bei einer Unternehmensstrukturaufstellung, bei Teamaufstellungen oder Entscheidungsaufstellungen.

Mit den Strukturaufstellungen, kann man fast alles aufstellen was irgendein System darstellt oder einem System angehört. So z.B. Krankheiten, Symptome, innere Anteile, berufliche Themen, Beziehungen, Glaubenssätze, innere und äußere Ressourcen wie z.B. Vertrauen (innere Ressource) und Geld (äußere Ressource).

Worauf Du dabei achten solltest, wurde unter familiäre Gesundheit bereits ausführlich beschrieben.

Eine Wechselwirkung kann von der 4. Ebene ausgehend bis zur 1. Ebene stattfinden.

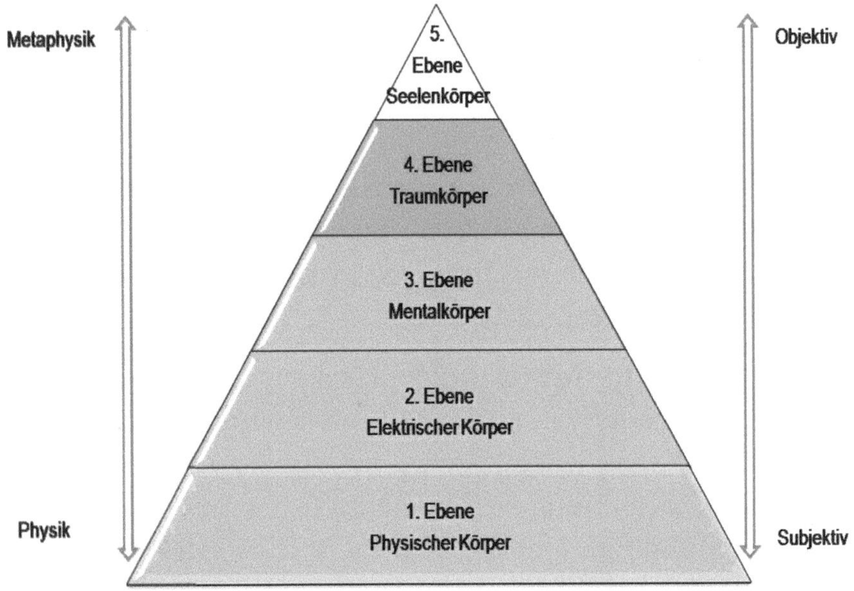

Aufstellungen wirken auf der Traumkörperebene, das bedeutet, alles was auf dieser Ebene oder den darunter liegenden Ebenen entstanden ist, kann hier aufgelöst werden.

Aufstellungen können z.B. angewendet werden, bei Verhaltensmustern die nicht mehr erwünscht sind. Bei Beziehungsproblemen mit Familienmitgliedern oder dem Partner. Bei Krankheitsbildern, um mehr Informationen darüber zu erhalten, evtl. um zu erfahren, was dahinter steckt. Bei Gefühlen, die sich in irgendeiner Form blockierend auswirken oder bei Glaubenssätzen die in uns verankert sind.

Unternehmen können Aufstellungen machen, um z.B. zu prüfen ob die Marschrichtung noch stimmt, das Produkt am Markt ankommt, der Ertrag stimmt, ein Team richtig aufgestellt ist, die Produkte gesehen und angenommen werden, der Kunde (Patient) wahrgenommen wird, beim Umgang mit Ressourcen, beim Einstellen neuer Mitarbeiter und vielen Themen und Fragestellungen mehr.

Kinesiologie

Die Kinesiologie unterteilt sich in verschiedene Bereiche. Der Grundstein hierfür wurde von Dr. George Goodheart erkannt. Er fand heraus, dass die Vorgänge im Körper sich in der Funktion der Muskeln zeigen. Die Muskelspannung wird bei Stress schwach, egal wie alt der Stress ist.

So entwickelte sich das heute wichtigste Instrument in der Kinesiologie, der Muskeltest, der als Biofeedback-Instrument angewendet wird.

Wo auch immer im menschlichen System (s.a. Pyramide der Gesundheit) etwas in Unordnung geraten ist, wird sich dies auf alle anderen Ebenen auswirken.

Wie schon beschrieben, finden in unserem gesamten Wesen Wechselwirkungen statt. Angefangen bei der DNS über die Zellen bis hin zu Denken, Fühlen und unterbewussten Vorgängen. Das bedeutet: der Muskeltest dient als Indikator. Er nutzt die Zellinformationen, um Blockaden, Stress und Ursachen einer unerwünschten Situation oder einen unerwünschten Zustand aufzuspüren. Die verschiedenen Muskelgruppen, die ja Teil des Menschen sind, liefern so über den nun mess-, und fühlbaren Spannungszustand der Muskulatur die entsprechende Information. Das Ergebnis ist entweder eine spannungsarme (schwache) Muskelgruppe, d.h. es liegt Stress zugrunde oder eine spannungsstarke (starke), d.h. es liegt kein Stress zugrunde. Somit kann auch getestet werden, was das menschliche System zu seiner Stärkung oder Regenerierung benötigt. Da Du in dem Moment des Testvorgangs mit dem Tester in Verbindung stehst, bist Du mit ihm verbunden, somit auch mit dem zugrunde liegenden Wissen des Testers. Vergleichen kann man es auch mit zwei Computern, die miteinander vernetzt werden, so dass der eine auf den Inhalt des anderen zugreifen kann. Es entsteht ein Informationsaustausch.

Auf diese Weise kann überprüft werden, wo und wann der Stress entstanden ist, was den Stress ausgelöst hat und andererseits was Du benötigst, um stressfrei zu werden, um dem Stress entgegenzuwirken, ihn abzubauen. Hierbei steht Dir das gesamte Repertoire des Testers zu Verfügung.

Der Muskeltest selbst kommt bereits in vielen anderen Bereichen zur Anwendung. Er ist lediglich das Instrument innerhalb der Kinesiologie.

Die eigentliche Kinesiologie befasst sich mit der Auflösung von Blockaden.

Es gibt folgende kinesiologische Arbeitsweisen:

- Touch For Health
- Brain Gym
- Three in One Concepts
- Psychokinesiologie
- Transpersonale Kinesiologie

- Holistische Kinesiologie

All diese Methoden der Kinesiologie wurzeln in der Applied Kinesiologie, die den Ursprung der Kinesiologie bildet und von Dr. George Goodheart begründet wurde.

Interessant dabei ist, dass der kinesiologisch Praktizierende eigentlich nichts falsch machen kann. Da er immer mit dem Muskeltest arbeitet und somit die Rückmeldung von Deinem System bekommt. Somit entscheidet auch jeder selbst, aufgrund des individuellen Stressindikators über den Muskeltest, was ansteht und wie viel man derzeit bearbeiten kann, beziehungsweise verkraften kann. Man arbeitet sich sozusagen je nach individueller Verfassung von oben nach unten durch oder umgekehrt. Der kinesiologisch Praktizierende kann jedoch auch den Muskeltest beeinflussen. Die in diesem Buch empfohlenen Kriterien können bei der Auswahl des Kinesiologen hilfreich sein, sich auf der sicheren Seite zu wissen. Dennoch möchten sicherlich alle Praktizierenden ihre Unterstützung und Hilfe anbieten, um ihre Klienten in ihrem individuellen Prozess bestmöglich zu begleiten.

Nachfolgend möchte ich Euch einen kurzen Überblick verschaffen, ohne dabei ins Detail zu gehen:

Touch For Health

Touch For Health wurde Ende der 60er von Dr. John Thie aus der Applied Kinesiologie entwickelt. Hier kommen bis zu 42, teilweise auch bis zu 72 Muskelgruppen zur Testung. Die Muskelgruppen stehen in Verbindung mit dem Meridiansystem des Menschen. Mit Touch For Health soll im Meridiansystem der Energiefluss wiederhergestellt werden, so dass die Energie (Chi) wieder ungehindert durch alle Meridiane fließen kann. Dabei werden ausgetestete Akkupunkturpunkte stimuliert, die die Blockaden auflösen sollen. Touch For Health ist sehr effektiv bei allen körperlichen Beschwerden und Krankheiten, da die Energiebahnen frei gemacht werden. Aber auch bei körperlichen Beschwerden im Bewegungsapparat, wie z.B. Fehlstellungen, durch die Überbeanspruchung bestimmter Muskelgruppen und Belastungsvermeidung anderer Muskelgruppen (Schonhaltung), wird Touch For Health erfolgreich angewendet. Dabei ist das Ziel die betroffenen Muskeln, die in der Bewegungssituation automatisch abschalten, zu stärken bzw. zu aktivieren. Auch im Höchstleistungssport wird Touch For Health gerade deswegen schon lange angewendet. Sogar im Pferdesport wird die Akupressur im Meridiansystem des Pferdes dafür genutzt, das Tier in seinen Bewegungsabläufen zu optimieren und in seiner Leistung zu steigern.

Touch For Health ist sehr eng an die Traditionelle Chinesische Medizin angelehnt und wird heute von vielen Physiotherapeuten und Ergotherapeuten angeboten.

Touch For Health steigert die Leistungsfähigkeit von Sportlern und älteren Menschen, verbessert die Lernfähigkeit und ist eine wirksame Ergänzung in der Gesundheitsvorsorge.

Brain Gym/Edu Kinestetik

Brain Gym ist eine kinesiologische Lerngymnastik. Sie wurde von Dr. Paul E. Dennison und Gail E. Dennison entwickelt. Es geht vorwiegend darum, die Leistungsfähigkeit oder Lernfähigkeit zu steigen und zu optimieren. Dabei werden die Sinneskanäle (Ohren, Augen, Mund, Körper) über die wir Informationen verarbeiten, geschärft. Die verschiedenen Sinneskanäle sind bei jedem Menschen individuell mehr oder weniger stark ausgeprägt, d.h. der eine nimmt Informationen schneller über das Sehen auf, ein anderer über das Hören oder Fühlen. In der Regel ist es so, dass die Informationsweitergabe in der Schule über das Sehen und Hören stattfindet.

Ist bei einem Schüler aber z.B. das Sinnesorgan Fühlen am stärksten ausgeprägt, so muss er die Information erfahren bzw. im Detail verstehen. Dies kann z.B. durch Auseinander- und/oder Zusammenbauen, ertasten, berühren oder auch in einem erlebbaren Experiment erreicht werden.

Dominiert bei einem Schüler eher das Sinnesorgan Ohr, also das Hören, so kann es sein, dass er die Informationen, die er zwar gelesen, aber nicht gehört hat, schwieriger verarbeiten und verinnerlichen kann.

Auch die Gehirndominanz spielt eine wichtige Rolle. Unser Gehirn besteht aus zwei Gehirnhälften, die unterschiedliche Fähigkeiten und Qualitäten besitzen. Besonders in Stress-Situationen können wir die dominierende Gehirnhälfte erkennen. Da in der Stress-Situation die Qualitäten derjenigen Gehirnhälfte verstärkt auftreten, die den Menschen blockieren und behindern. Das heißt, während einer Stress Situation können wir nicht mehr vollständig auf die Qualitäten der Gehirnhälften zugreifen oder zumindest sehr schlecht.

Um Euch ein besseres Verständnis zu ermöglichen, möchte ich die grundlegenden Unterschiede aufzeigen:

Logik (gewöhnlich links)	**Gestalt (gewöhnlich rechts)**
- Zuerst wahrnehmen der - Einzelheiten - Verarbeiten von Teilen zum - Ganzen - Bestandteile der Sprache (Syntax, Semantik) - Buchstaben, Sätze - Zahlen - Analyse – linear - Schaut auf Unterschiede - Kontrolliert Gefühle - Planvoll – strukturiert - Fortlaufendes folgerichtiges Denken - Sprachorientiert - Zukunftsorientiert - Technik - Sport (Einsatz von Hand, Auge, Fuß) - Kunst (Medien, Werkzeuggebrauch, Arbeitsanleitung)	- Zuerst wahrnehmen des Gesamtbildes - Verarbeitet vom Ganzen zu den Teilen - Sprachverständnis (Bild, Emotionen, Bedeutung) - Redefluss, Dialekt, Rhythmus - Bild, unmittelbare Anschauung - Intuition – Schätzung - Schaut auf Ähnlichkeiten - Lässt Gefühle zu - Spontan – fließend - Gleichzeitig mehrere Gedankengänge - Orientierung an Gefühlen, Erfahrungen - Orientierung am Jetzt - Flow und Bewegung - Sport (Fluss und Rhythmus) - Kunst (Bild, Emotion, Flow)
Unter Stress	***Unter Stress***
verstärktes Bemühen: - ohne Ergebnisse, - ohne Begreifen, - ohne Freude, - ohne Verständnis, - erscheint mechanisch, angespannt, unsensibel	- kann nicht mehr logisch argumentieren - handelt ohne Überlegung - fühlt sich überwältigt - kann sich nur schwer ausdrücken, kann sich nicht an Details erinnern - erscheint unter Umständen emotional und weggetreten

Uns stehen natürlich immer beide Gehirnhälften zur Verfügung, jedoch haben wir eine dominierende.

Du kannst Dir das so vorstellen, wie bei Links-, und Rechtshändern. So ist es auch mit den Gehirnhälften. Unser Gehirn funktioniert über Kreuz. Das heißt unsere rechte Gehirnhälfte steuert unsere linke Körperseite und umgekehrt.

So hat Brain Gym ® viel mit Bewegung zu tun. Dabei werden gezielt bestimmte Bewegungsabläufe praktiziert, die dann die Gehirnhälften aktivieren und integrieren. Denn über die Bewegung werden auch die Gehirnhälften aktiviert. Zudem werden über die Bewegung wiederum verschiedene Muskeln aktiviert, die wiederum mit dem Meridiansystem verbunden sind, welches verschiedene Funktionen und Fähigkeiten aufweist.

Wie Du siehst, findet überall Wechselwirkung statt.

Brain Gym ist nicht nur für Kinder und Schüler, die Konzentrationsstörungen oder Lernblockaden haben hervorragend, sondern auch für Erwachsene, z.B. vor einer wichtigen Rede, vor Prüfungen oder bei schwierigem Lehrstoff.

Begrüßenswert wäre es, wenn Brain Gym bereits im Kindergarten z.B. während dem Turnen, in der Schule im Sportunterricht oder generell in den Unterricht integriert würde, denn es handelt sich um sehr einfache Übungen, die jeder ausführen und erlernen kann und wenige Minuten können bereits, stetig ausgeführt, tolle Erfolge bringen. Bei Schwierigkeiten, kann ganz gezielt mit Brain Gym in der kinesiologischen Beratung gearbeitet werden.

Bei der Anwendung von Touch For Health und Brain Gym kann von der 2. Ebene ausgehend bis zur 1. Ebene eine Wirkung erzielt werden. Wenn es dem Klienten gelingt, durch die positiven Erfahrungen und Erlebnisse eine andere Entscheidung zu treffen oder einen störenden Glaubenssatz loszulassen, indem eine andere Erfahrung gemacht wird, kann eine Wirkung bis in die 3. Ebene erreicht werden. Dieser Vorgang kann ganz automatisch mitlaufen und muss nicht immer bewusst geschehen.

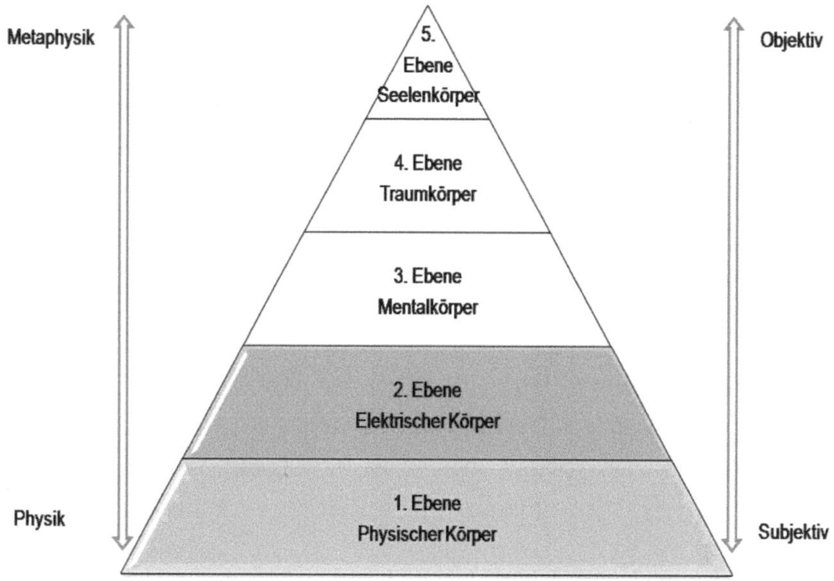

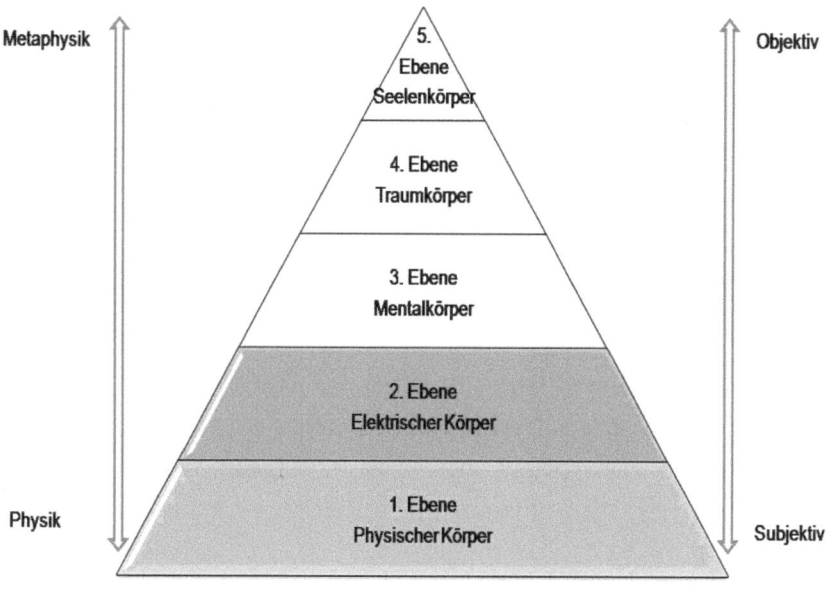

Three in one Concepts (3 in1 Concepts)

Three in one Concepts bedeutet die Integration von Körper, Geist und Seele. Dass wir uns unsere eigene Wirklichkeit erschaffen, ist bei dieser Methode eine Grundannahme. Entwickelt wurde es von Gordon Stokes und Daniel Whiteside. Dabei geht es darum, die Traumata aus der Vergangenheit, sowie die Kognitionen (Erlerntes) und die Glaubenssysteme zu identifizieren und den Stress darauf aufzulösen. Dabei geht es darum, den Menschen eine Wahl zu geben, wenn sie glauben oder fühlen, keine Wahl zu haben. In der Anwendung werden die Gehirnhälften getestet, d.h. es werden beide Arme gleichzeitig als Indikatormuskel genutzt, um sicherzustellen, dass eine Übereinstimmung zwischen den Gehirnhälften besteht. Auch dient der Muskeltest als Biofeedbackmethode, ob ein bestimmtes Thema mit Stress verbunden ist oder nicht. Im Vordergrund stehen hier die Arbeit und Auflösung von Stress, der mit dem Problem verbunden ist und nicht die Arbeit an dem Problem selbst.

Psycho Kinesiologie

Die Psycho Kinesiologie nutzt die Signale des Körpers, um den unerlösten seelischen Konflikt, der dahinter steht, aufzulösen, bzw. den Konflikt zu erlösen. Ist der unerlöste seelische Konflikt im Bewusstsein des Klienten, kann er sich entladen und alte Glaubensätze, die durch diesen Konflikt entstanden sind, können durch sinnvollere ersetzt werden.

Unter Konflikt kann man hier ein Symptom, eine Krankheit, ein Problem, ein negatives Gefühl, eine unerwünschte Situation oder sich wiederholende ähnliche Erfahrungen verstehen. Was bedeutet, dass sich hinter bzw. unter einem solchen Problem der ungelöste seelische Konflikt verbirgt.

Diese Methode nutzt das, was direkt zu Beginn der Sitzung vom Klienten/Patienten an Aussagen, Emotionen, Reaktionen und Verhalten kommt. Dann beginnt bereits schon die Suche nach dem unerlösten seelischen Konflikt. Die Psycho Kinesiologie ist bei nahezu allen Themen und Beschwerden anwendbar, da viele Ereignisse der Vergangenheit einen unerlösten seelischen Konflikt hinterlassen haben. Diese phantastische Methode wurde ebenso wie die Mentalfeldtherapie von Dr. Dietrich Klinghardt [15]entwickelt.

---

[15] Dr. Dietrich Klinghardt (*1950 in Berlin) studierte in Freiburg Medizin und arbeitet seit 1982 als Arzt in den USA. Er spezialisierte sich auf die Behandlung chronischer Schmerzen. Er interessierte sich nicht nur für das Erscheinungsbild einer Erkrankung, sondern forschte auch nach deren Ursache. Schnell stieß er dabei an die Grenzen der konventionellen Medizin, eignete sich vielfältige alternative Methoden an und entwickelte im Lauf der Jahre eigene Diagnose- und Therapieformen (Autonomer Regulationstest, Psycho-Kinesiologie, Mentalfeld-Therapien), die inzwischen als Klinghardt-Methode in die Medizin eingegangen sind.

Mentalfeldtherapie

Die Mentalfeldtherapie wurde durch die Erkenntnis entwickelt, dass seelische Spannungszustände und Schmerzen oftmals dann entstehen, wenn sich das mentale Feld, sprich der Mentalkörper vom physischen Körper getrennt hat. Es geht darum, diesen unbewusst abgespaltenen Inhalt des Mentalkörpers durch das Gespräch aufzuspüren. Der Klient lenkt dann die innere Aufmerksamkeit auf den abgespaltenen Inhalt. Der Klient klopft in dieser Phase ganz bestimmte Akupunktur bzw. Meridianpunkte. Diese autonomen Schaltstellen lassen den Mentalkörper wieder anhaften und zentrieren.

Dabei können verdrängte Gefühle und Ereignisse auftauchen und abgelöst werden. Dies geschieht über die Entkopplung im limbischen System (unser Wahrnehmungsfilter). Die Mentalfeldtherapie ist sozusagen eine Entkopplungsmethode.

Diese Entkopplungstechniken vertiefen und verankern den Behandlungserfolg. Der Anwender/Therapeut nutzt das Gespräch mit dem Klienten und greift dabei immer wieder auf die Worte des Klienten zurück. Diese Arbeit erfordert sehr viel Feingefühl und Aufmerksamkeit vom Anwender, da selbst kleinste Impulse sofort genutzt werden, um sich weiter zur Ursache bzw. dem Auslöser durchzuarbeiten.

Holistische Kinesiologie

Die holistische Kinesiologie ist ein Zusammenspiel der wichtigsten und effektivsten Methoden, die sich aus den verschiedenen kinesiologischen Anwendungen heraus kristallisiert haben und die sich in der Praxis besonders bewährt haben. Es wird auf bewährte Instrumente aus der Coaching und Beratungspraxis, sowie auf verschiedene Instrumente aus der Psychotherapie und der Naturheilkunde zugegriffen. Der Kinesiologe muss allerdings nicht alle Instrumente zur Anwendung bringen. So dass Du auch bei Kinesiologen, die keine Heilpraktiker Ausbildung haben, gut aufgehoben sein kannst. Je nachdem welches Thema zu bearbeiten ist.

Dabei geht es darum, einen Zielfindungs- und Veränderungsprozess einzuleiten bzw. zu begleiten. Die holistische Kinesiologie befasst sich mit allen Themen, die aus folgenden Bereichen kommen:

- Physische und mentale Fitness
- Selbstmanagement
- Stressmanagement
- Krisenmanagement
- Zeitmanagement
- Motivation
- Zielfindung und Verwirklichung
- Veränderungsprozessen
- persönlichem Wachstum
- Lernförderung
- Gesundheitsförderung/Vorbeugung

Die Wirkung des Three in one Concepts, der Psycho Kinesiologie, der Mentalfeldtherapie und der Holistischen Kinesiologie kann ausgehend von der 3. Ebene bis in die 1. Ebene reichen.

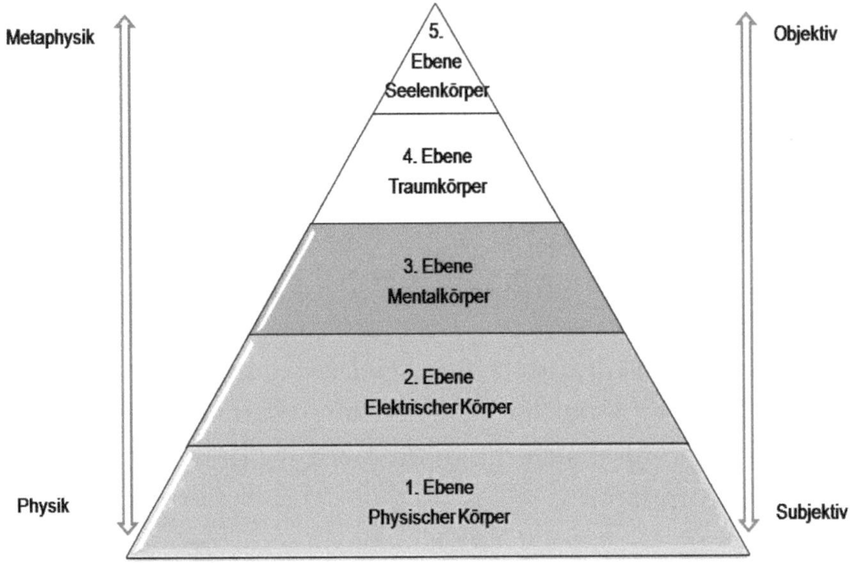

Transformations- Kinesiologie

Die Transformations- Kinesiologie befasst sich mit weiteren übergeordneten Themen, die zur Bewusstseinserweiterung beitragen sollen.

In erster Linie geht es um die **Erweiterung des Bewusstsein**. So fließen in die Transformations- Kinesiologie hauptsächlich Aspekte der Chakren und der Aura, der Seele und unserer Ursprungsenergie mit ein. Dabei geht es darum Einsichten auf der Seelenebene zu erlangen.

Mental training/Mentale Resonanz Methode (MRM)

Mentaltraining ist nicht gleich Mentaltraining. Das Mentaltraining welches hier beschrieben wird, meint nicht die Bühnenshows wo Tausende von Zuschauern mit positiven Suggestionen von super Erfolgsstorys und dem Lockmittel des unendlichen Reichtums aufgeputscht werden und die Stimmung der Zuschauer kurz nach der Show wieder abflacht.

Das Mentaltraining von dem ich spreche, arbeitet nach der Mentalen Resonanz Methode (MRM), die von Ralf Bihlmaier entwickelt wurde. Das Mentaltraining hat einiges mit dem Bestseller „The Secret" zu tun. Jedoch fehlt in diesem Buch, wie in vielen anderen Büchern eine konkrete Anleitung zur Umsetzung. Es fehlen die entscheidenden Schritte. Die in diesem Buch ausgiebig dargestellt werden.

Die Mentale Resonanz Methode baut darauf auf, dass der Klient zunächst erst wieder lernt, seine Mitte finden, das bedeutet: zu sich selbst zu kommen.

Unserer Gedanken, Gefühle, unbewusste Prägungen und Muster bestimmen unseren inneren und äußeren Zustand. Genau hier setzt die Mentale Resonanz Methode erfolgreich an. Die Mentale Resonanz Methode basiert auf der Tatsache, dass wir bzw. jeder einzelne ein Schöpfer, ein Erschaffer ist. Der Schöpfer seines Lebens und seiner Lebensumstände.

Das Mentaltraining setzt auf der höchsten Ebene an, die wir haben, der Seelenebene/ dem Seelenkörper.

Ziel ist es, den Zustand, das Gefühl seiner Mitte zu kennen und aus dieser Mitte heraus den äußeren Umständen zu begegnen. So können wir aus unserer höchsten Ebene heraus, Veränderungen in unserem Leben herbeiführen. Die Mentale Resonanz Methode des Mentaltrainings arbeitet mit Meditation, um in die eigene Mitte zu kommen und so den Zugang zum wahren Selbst zu finden. Ist dies geglückt, kann man bei konsequenter Selbstanwendung das eigene Leben entscheidend verändern (siehe hierzu auch das Resonanzgesetz).

Viele Therapien wühlen Themen auf, aber es wird oft versäumt, die Veränderung anzustoßen. Bei diesem Mentaltraining hingegen geht es um das zu verändernde Gefühl, um die zu verändernde geistige Haltung und darum, Muster, Prägungen und Programme, die in unseren Alltagssituationen schon automatisiert ablaufen, zu durchbrechen, damit neue, andere Erfahrungen möglich werden.

Es ist eine sehr effektive Methode, die in allen Lebensbereichen und Lebenssituationen anwendbar ist. Wie wir ja wissen, wird unsere DNS von unseren Gedanken und Gefühlen gesteuert.

Die mentale Resonanz Methode fördert den Drang der Seele zu Selbstverwirklichung, unterstützt persönliche und spirituelle Entwicklung, sowie Bewusstseinserweiterung. Ich bin sehr froh, der Mentalen Resonanz Methode begegnet zu sein. Sie hat mir geholfen mich aus einer schweren Krise zu befreien und sollte Einzug in das Leben eines jeden Menschen halten. Der Mentaltrainer/die Mentaltrainerin sollte selbst bereits ein gewisses Bewusstsein und Feingefühl erreicht haben, um den Klienten bestmöglich begleiten zu können. Dies bringt jedoch schon die Arbeit mit der Mentalen Resonanz Methode an sich selbst mit sich. Das tolle an dem Mentaltraining ist, dass es nach dem Erlernen oder einer kurzen Zeit der Begleitung selbständig durchgeführt werden kann. Hier ist Eigeninitiative gefragt, sich mit sich selbst zu beschäftigen und seine Aufmerksamkeit nach innen zu richten.

Die Wirkung der Transformations-Kinesiologie und der Mentalen Resonanz Methode wird ausgehend von der 5. Ebene bis in die 1. Ebene reichen.

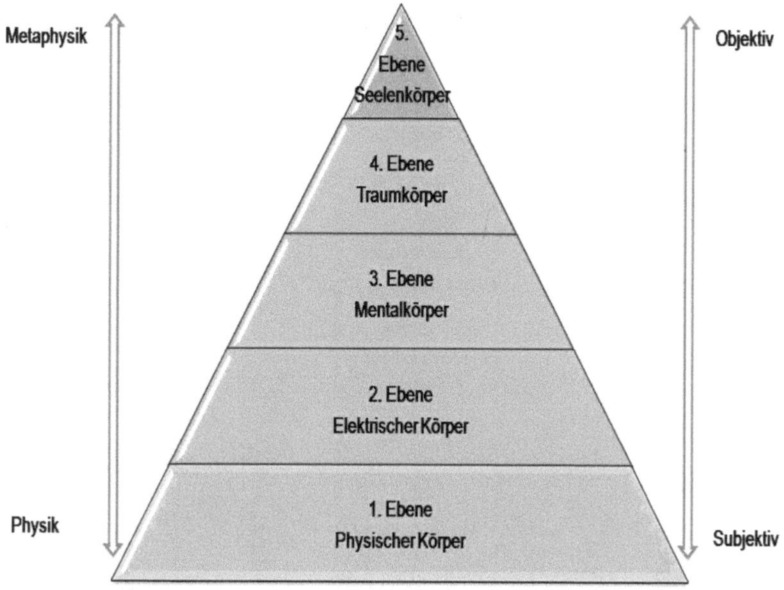

Schulmedizin

Hier bedarf es keiner weiteren Erläuterung, ich denke jeder weiß, was die Schulmedizin leistet.

Nur so viel: die Schulmedizin soll die körperlichen Abläufe und Funktionen sicherstellen bzw. wiederherstellen. Sie sollte keinesfalls weggelassen werden. Die Schulmedizin setzt auf der körperlichen Ebene an und kann dementsprechend auch „nur" auf der körperlichen Ebene wirken.

Du kannst die Arbeit auf dieser Ebene bzw. den Erfolg dadurch unterstützen, indem Du die anderen Ebenen mit einbeziehst und darauf achtest, worauf Du Deine Aufmerksamkeit richtest.

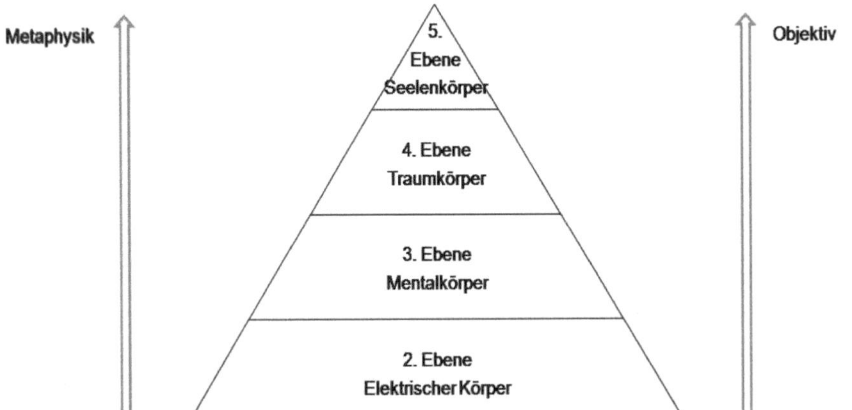

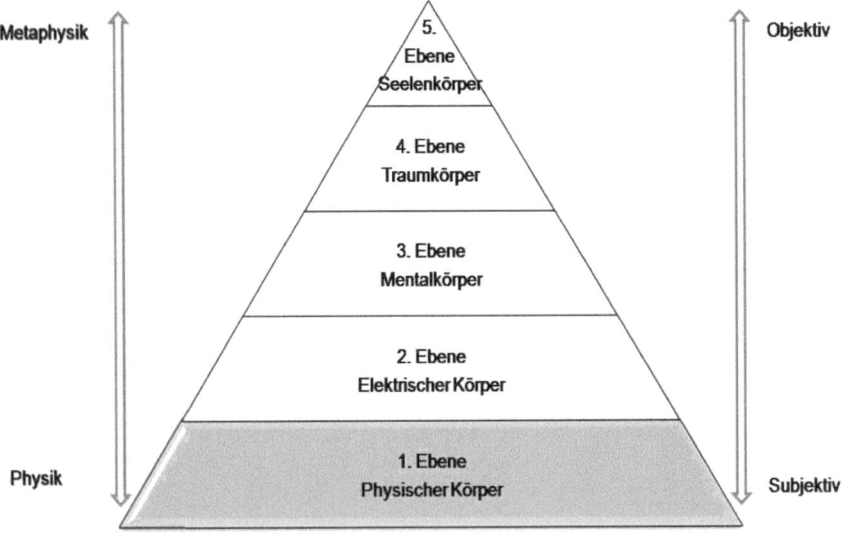

Therapien

Es gibt zahlreiche Therapieformen. Sie alle hier zu erläutern, würde den Rahmen dieses Ratgebers sprengen. Sie alle haben das gemeinsame Ziel, den Zugang zu seinen eigenen Gefühlen zu finden und die Ursachen von Problemen/Störungen aufzudecken und zu bearbeiten.

Eine sehr intensive Therapieform ist die Bonding Therapie. In der Nähe und dem gehalten werden durch eine andere Person, werden sehr schnell innere Prozesse angekurbelt und Erinnerungen ins Bewusstsein gerufen, die sich bis heute noch im Leben des Hilfe- und Ratsuchenden auswirken.

Prägende Erlebnisse werden nicht alleine, sondern in einem geschützten Rahmen und dem Gehaltenwerden durch eine andere Person wiedererlebt. Die Grundbedürfnisse des Menschen nach Nähe, Liebe und Sicherheit, egal in welcher Situation man sie gebraucht hätte, werden so erfüllt.

Therapien setzen auf der emotionalen Ebene an und können bei psychosomatischen Beschwerden bis in die körperliche Ebene wirken. Sie verändern/erweitern in erster Linie unseren Wahrnehmungsfokus durch eine neu gewonnene Sicht auf die Umstände. Diese werden jedoch nur dann wirklich zum Tragen kommen, wenn der Patient sie annimmt und für sich etwas „neues“ dazugewinnen kann.

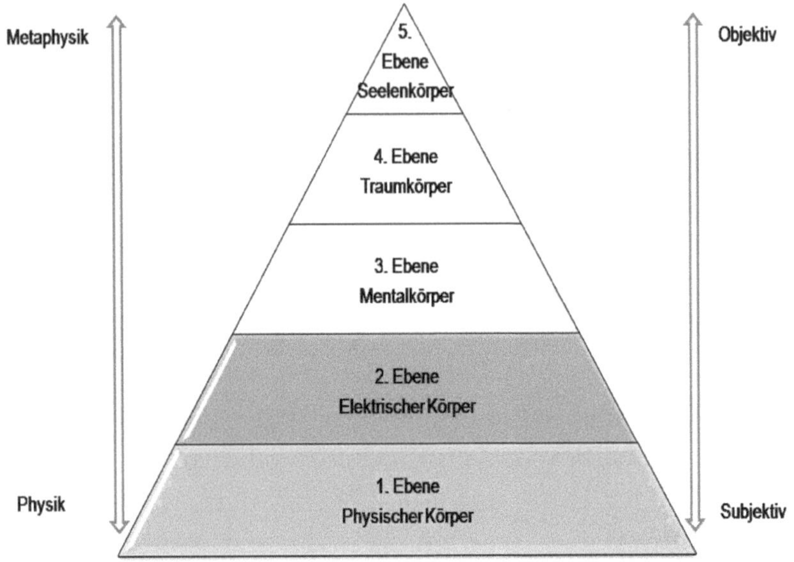

Ich möchte nochmals betonen, dass es bei all diesen Angeboten ganz entscheidend auf Deine innere Haltung ankommt. Darauf, wie Du Deine Realität siehst, wie Du denkst und was Du fühlst. Du kannst Deine Realität verändern, indem Du bei Dir selbst beginnst.

> *„Ob du glaubst, du kannst es oder du kannst es nicht – du hast Recht".*
> Henry Ford

Es gibt auch zahlreiche Anwendungen und Methoden, die ihre Wirkung unabhängig davon zeigen, wie Du denkst oder welchen Glaubenssatz Du unbewusst mit Dir trägst. Wenn sich innerhalb dieser Behandlungs- oder Beratungsphase Deine innere Einstellung nicht verändert, wenn sich ein blockierend verankerter Glaubenssatz nicht löst und Du keine andere Realität gewinnen wirst, wird sich immer wieder Deine innerste Prägung zeigen und die zunächst positive Wirkung wird mit der Zeit wieder verblassen. Deshalb empfehle ich Dir auf Beratungs- oder Behandlungsangebote zuzugreifen, die darauf ausgerichtet sind, dass Du Dich selbst kennen lernst. Wenn Du zu einem Arzt gehst, dann unterstützt Du Deinen Genesungs- und Heilungsprozess, indem Du damit anfängst, daran zu glauben. Im besten Falle nutze zusätzlich eine Beratungs- oder Behandlungsform, die auf einer höheren Ebene ansetzt. Dieser Ratgeber könnte den Anschein erwecken, er stürze sich auf die körperliche Gesundheit bzw. Krankheit. Das liegt daran, dass dies die letzte Ebene ist, auf der sich Unwohlsein, Unglücklich sein, Unzufriedenheit, Sorgen und Leiden ausdrücken. Er umfasst jedoch alle Lebensbereiche und alle menschlichen Ebenen. Denn Deine äußere Umgebung, ist der Spiegel Deines inneren Ausdrucks, Deiner inneren Muster, Prägungen, Glaubenssätze und Gefühle. Das bedeutet, Krankheit beginnt irgendwo und Gesundheit endet nirgendwo. Nachfolgend findest Du noch mal alle Regeln im Überblick, die Dich dabei unterstützten mehr Eigenverantwortung für Dich selbst zu übernehmen und Dich von den Fesseln der Vergangenheit zu befreien.

Alle Regeln der Kunst

Regel Nummer eins:

Du bist der wichtigste Mensch in Deinem Leben!

Regel Nummer zwei:

Es gibt nichts Dümmeres, als auf Veränderung zu warten.

Du schädigst damit nur Dich selbst!

Regel Nummer drei:

Du musst losgehen, und zwar in Dein eigenes Leben!

Regel Nummer vier:

Unser Verstand ist ein guter Diener, aber ein schlechter Herr!

Regel Nummer fünf:

Du bist der Boss in Deinem Leben. Dein Verstand liest lediglich die Landkarte mit der er Dich im Leben navigiert.

Regel Nummer sechs:

Höre auf, Dein Leiden, Deine Krankheit, Dein Problem eindimensional zu betrachten.

Regel Nummer sieben:

Gib nicht auf, bis Du Dich mit dem erreichten Wohl fühlst.

Regel Nummer acht:

Sei es Dir Wert, weiterzumachen, bis sich der gewünschte Zustand in Deinem Leben einstellt.

Regel Nummer neun:

Gib niemals auf, aber höre auf zu kämpfen, mit Dir selbst und mit anderen, schau nach innen.

Regel Nummer zehn:

Fange heute damit an, Dein Leben bewusst zu leben.

Regel Nummer elf:

Niemand heilt Dich und Deine Lebensumstände, außer Dir selbst.

Nachklang

Evolution ist der natürliche und unaufhörliche Entwicklungs- und Verbesserungsprozess allen Seins. Der Mensch ist innerhalb dieses Prozesses damit beschäftigt, Bewusstsein zu entwickeln. Bewusstsein für die Dinge, wie sie wirklich sind und vor allem, Bewusstsein über sich selbst.

Das Bewusstwerden über sich selbst, den Körper, den wir bewohnen, den Geist, der unaufhörlich vermittelt, was immer wir wünschen, die Seele, unser tiefstes Innerstes, was es zu entdecken gilt und den Verstand, der diesen Entwicklungsprozess überhaupt ermöglicht, sind Teil dieser Evolution.

Die vorliegende Arbeit ist wunderbar, gibt zahlreiche Erkenntnisse, bietet viele Wissensbausteine und schenkt Impulse für geistige Entwicklung, für Bewusstsein über sich selbst.

Danke, liebe Gabriele für diese Arbeit.

Ralf Bihlmaier

Weitere Informationen über Veranstaltungen und Seminare. sowie zur Kontaktaufnahme sind auf der Homepage www.gabriele-simon.de zu finden.

FSC
www.fsc.org
MIX
Papier | Fördert
gute Waldnutzung
FSC® C083411

Zeitfracht Medien GmbH
Ferdinand-Jühlke-Straße 7
99095 Erfurt, Deutschland
produktsicherheit@kolibri360.de